Karsten Böhm & Jonathan Rauer

Denkt Orange!

W0235590

Über die Autoren

Karsten Böhm (Jahrgang 1976), verheiratet und Vater von zwei Kindern, ist seit 2011 Pfarrer der evangelischen Andreasgemeinde in Niederhöchstadt (bei Frankfurt), die deutschlandweit bekannt geworden ist unter anderem durch ihre GoSpecial-Gottesdienste. In der Andreasgemeinde versucht er, den Traum einer relevanten und lebensverändernden Gemeinde des 21. Jahrhunderts mit neuen und ungewöhnlichen Ideen umzusetzen.

Jonathan Rauer (Jahrgang 1985) ist seit 2008 pastoraler Mitarbeiter für den Kinderbereich der evangelischen Andreasgemeinde in Niederhöchstadt (bei Frankfurt). Dort setzt er seinen Schwerpunkt auf die Begleitung der Mitarbeitenden und die Integration von Eltern in den Kinderbereich sowie den Aufbau von Partnerschaften mit Familien.

Karsten Böhm & Jonathan Rauer

DENKT! ORANGE!

Für eine Generation voller Glaube, Hoffnung und Liebe.

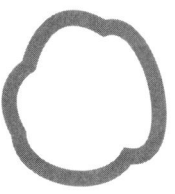

Verlagsgruppe Random House FSC-DEU-0100
Das für dieses Buch verwendete FSC®-zertifizierte Papier *Enso Classic 95*
liefert Stora Enso, Finnland.

© 2013 der deutschen Ausgabe by Gerth Medien GmbH, Asslar,
in der Verlagsgruppe Random House GmbH, München

1. Auflage 2013
Bestell-Nr. 816876
ISBN 978-3-86591-876-5

Umschlaggestaltung: Daniel Eschner
Bearbeitung: Rabea Rentschler, Kai S. Scheunemann
Satz: Marcellini Media GmbH, Wetzlar
Druck und Verarbeitung: GGP Media GmbH, Pößneck
Printed in Germany

Meinen Eltern, meinen Schwiegereltern
und meiner bezaubernden Frau Kathrin.
Ihr macht mein Leben reich!

Meinen Eltern
und meiner früheren Jugendreferentin Bärbel.
Danke für all das, was ihr *in mir* hinterlassen habt!

Viele Gedanken in diesem Buch wurden von dem
Grundlagenbuch „Lebe Orange!"* von Reggie Joiner
inspiriert, das wir allen Lesern zur Vertiefung von
Herzen empfehlen. Wir danken Reggie Joiner und
Gerth Medien für die freundliche Genehmigung.

* Lebe Orange! Gemeinde und Familie – gemeinsam stark,
  Reggie Joiner, Gerth Medien, 2012

Inhalt

Ich mag Orange!

„Eltern sind meist ansprechbar, wenn etwas für ihre Kinder getan wird; Kindern tut es gut, wenn sie etwas mit ihren Eltern zusammen erleben. In sozialen Brennpunkten ist weder das eine noch das andere selbstverständlich. Das erleben wir tagtäglich in unserem GreifBar-Projekt in einer Plattenbausiedlung. Orange bringt zusammen, was zusammengehört: Familie und Gemeinde. Wir bekommen Impulse, welche Schritte wir in Richtung unserer Vision gehen können. Ein empfehlenswertes Buch!"

Christiane & Prof. Dr. Michael Herbst, GreifBar, Greifswald

„Apfelsinen sind orange, die Piratenpartei segelt unter solch einer farbigen Flagge und unsere Lieblingsfußballnachbarn spielen als Oranjeteam. Auch wir von World Vision arbeiten weltweit mit einem orangenen Logo. Orange strahlt Wärme aus, weckt Leidenschaft und ist schön. Ich freue mich, dass die Farbe jetzt noch weiter aufgewertet wird und für die Liebe und Hingabe steht, mit der sich Gemeinden und Familien in Deutschland für Kinder und Jugendliche einsetzen und sie damit zum orangenen, sprich leidenschaftlichen und schönen Mittelpunkt des Lebens machen."

Christoph Waffenschmidt,
Vorstandsvorsitzender World Vision Deutschland

„Die Orange-Strategie hat unsere Wahrnehmung von Gemeinde verändert. Wir fragen ganz neu, welche Angebote Familien stark machen – und wir beobachten, wie gut es Familien tut, sich gemeinsam in Projekte einzubringen und miteinander nach Gott zu fragen."

Miriam Küllmer-Vogt und Dr. Fabian Vogt,
Pfarrer/in und Künstler/in

„Orange? Wir machen mit! Denn: Gemeinde ist mehr. Hier kommt zusammen, was zusammengehört: Sonntag und Alltag, Gottesdienst und Familie, Eltern und Kinder, Verheiratete und Singles und nicht zuletzt Jesus, der jeden Tag bei uns ist."

Elke Werner, Leiterin des Christus-Treff Marburg, und
Dr. Roland Werner, Generalsekretär
des CVJM-Gesamtverbandes in Deutschland

„Andreas und Philippus haben den Anfang gemacht (Johannes 1,35 ff.), ungezählte Christinnen und Christen haben es fortgesetzt bis in unsere Zeit: Die Botschaft vom Messias aus Nazareth weitersagen und Nachfolge Christi vorleben – immer geschieht dies mit Gottes Geist und durch Menschen. Für mich waren gleichermaßen Menschen meiner Familie und Menschen aus der Gemeinde wichtig: Meine Mutter hat mit uns Kindern gebetet und Gemeinde war ein Teil unseres Familienlebens, in Gemeinde und Jugendarbeit durfte ich glaubwürdigen Christenmenschen begegnen. Familie und Gemeinde stark machen, um gemeinsam die Botschaft Christi zu bezeugen: Ich freue mich sehr über das Ziel dieses Buches!"

Dr. Klaus Neumeier, Pfarrer und Kirchensynodaler

„Wenn viele Gemeinden und Familien den beiden Autoren und ihren klugen Schlussfolgerungen zu Orange *folgen, dann mache ich mir keine Sorgen um die nächste Generation von Kindern und Jugendlichen!"*

Maja Nielsen, Kinderbuchautorin

*„*Orange *spricht mir voll aus dem Herzen. Kinder lernen Zuversicht, Hoffnung und Werte durch ihre Eltern und Geschwister kennen. Der Funke des Glaubens wird erst recht daheim entzündet. Ich möchte Gemeinden herausfordern, viel mehr Fantasie und Zeit in die Ermutigung der Familien zu stecken, damit eine neue Generation mit Jesus zu leben beginnt."*

Anke Kallauch,
Referentin für Kindergottesdienst im Bund FeG

„Schon wieder eine neue Welle aus Amerika? Jetzt also Obst, genauer gesagt Orangen! Wie saftig ist das denn? Mir ist dieses Projekt schon in den USA aufgefallen: Familie als idealtypisches Klima der geistlichen Prägung von Kindern. Nur was in diesem vertrauten Klima hautnah fundiert, hat Chancen, in der Gemeinde didaktisch weiterentwickelt zu werden. Karsten Böhm und Jonathan Rauer schälen die Orangen und schneiden sie leicht verdaulich zurecht. Saftige Lektüre!"

Jürgen Mette, Geschäftsführender Vorsitzender
der Stiftung Marburger Medien

„Bei Strategien aus den USA frage ich mich immer nach der Übertragbarkeit für Deutschland. Den beiden Autoren ist es gelungen, das zunächst einfache und einleuchtende Orange-Prinzip auf die deutsche Lebenswelt zu übertragen und für deutsche Kirchengemeinden interessant zu machen. Ein lesenswertes Buch, das sicher die Kreativität und die Achtsamkeit für eine nachhaltige Gemeindeentwicklung erhöht."

Manfred Oschkinat,
Referent für Bildung und Gesellschaftliche Verantwortung

„Es gibt in Deutschland viel zu viele Menschen, die zwar irgendwie an Gott glauben, aber Jesus nicht wirklich nachfolgen. Orange ist in meinen Augen einer der besten Ansätze, der nächsten Generation, Gemeinden und Familien zu helfen, das zu ändern."

Jörg Ahlbrecht, Willow Creek Deutschland/Schweiz

„Ein Buch, das mir aus dem Herzen spricht. Ein Buch, das Mut macht, die Familie als Partner der Gemeindearbeit zu entdecken. Gemeinde, Eltern, Großeltern arbeiten zusammen, um gemeinsam Kindern die frohe Botschaft näherzubringen – eine Partnerschaft, bei der jeder gewinnt."

Uwe Lal, Kinderliedermacher

„Kindern zu einem eigenen Glauben helfen ist die wohl wichtigste Zukunftsaufgabe von Eltern und Kirche. Beide tun sich schwer darin und weisen gerne auf den jeweils anderen. Orange überwindet diese Blockade: Kinder sind so wichtig, dass wir Hand in Hand unser Bestes geben müssen. Ich begrüße diesen Ansatz sehr."

Ulrich Eggers, Geschäftsführer „Glaube am Montag"

*„In diesem kleinen Buch erklären Ihnen die beiden Autoren auf
sehr einprägsame Weise die* Orange-*Strategie und geben Antworten auf die Frage, wie man die kirchliche Arbeit mit Kindern
und Jugendlichen mit dem familiären Kontext verbinden und
verknüpfen kann. Ich empfehle dieses Buch allen Pastoren und
Pfarrern, geistlichen Leitern und verantwortlichen Mitarbeitern
in Kirchen und Gemeinden."*

Febe Olpen, Bundesleiterin des Kinderforum des BFP
und Promiseland Deutschland

„Achtung, Orange! *Kinder und Familien werden Lust auf Glauben und Kirche bekommen. Achtung! Das könnte Kindergottesdienst, Konfirmanden- und Jugendarbeit revolutionieren.
Verheißungsvoll."*

Stefan Pahl, Pfarrer und Leitender Geschäftsführer
von Marburger Kreis und Crossover

> *„Die aktive Seite ist bei Orange in ihrer höchsten Energie, und es ist kein Wunder, dass gesunde Menschen sich besonders an dieser Farbe erfreuen!"*
>
> Johann Wolfgang von Goethe

Einleitung

Ich, Karsten, sollte zusammen mit dem Kinderbereichsleiter meiner Gemeinde und Mitautor dieses Buches – Jonathan – nach Atlanta zur *Orange*-Konferenz fliegen. Da lag sie nun die Einladung, direkt vor mir, in Orange natürlich. Ich dachte unweigerlich an die holländische Fußballnationalmannschaft, an Müllmänner, an Karotten und an Fanta und grübelte, was eine *Orange*-Konferenz sein könnte, weshalb ich die lange Reise in die USA auf mich nehmen sollte und was ausgerechnet ich als Pastor einer deutschen Gemeinde auf einer amerikanischen *Orange*-Konferenz lernen sollte.

Was kommt Ihnen in den Sinn, wenn Sie an die Farbe Orange denken?

Eine nichtrepräsentative Umfrage unter Bekannten von mir zeigt folgendes Bild: Die meisten denken zuerst an Apfelsinen beziehungsweise Orangen, dicht gefolgt von Karotten. Viele denken an Müllmänner. Smartphonern kommt eine Telekommunikationsfirma in den Sinn, politisch

Interessierte erinnern sich an die orange Revolution in der Ukraine oder an die Piratenpartei. Deutsche Fußball-fans sehen sofort die Trikots unseres fußballerischen Erz-feinds Holland vor Augen und ein Freund von mir denkt an Double-Precision-Werte in LabViEW – was immer das ist. (Ich glaube ja, er wollte mich mit dieser Antwort ärgern und verunsichern!)

Woran auch immer Sie bei der Farbe Orange denken, ob Sie die Farbe mögen oder verabscheuen, ob Sie als Sport-fan positive oder negative Assoziationen damit verbinden, ob die Farbe Ihnen steht oder Sie blass erscheinen lässt, ist egal. Denn letztlich denken und leben Sie vielleicht schon lange *orange*, ohne es zu wissen. Sie leben allerdings spätes-tens dann *orange*, wenn Sie nach dem Lesen dieses Buchs bei der Farbe Orange überlegen, welche Veränderungen nötig sind, um die nächste Generation zu erreichen, wenn Sie Ge-meinden vor Augen haben, die sich für Kinder und Jugend-liche begeistern, wenn Sie an für Gott begeisterte Menschen denken, die voller Glaube, Hoffnung und Liebe leben. Das ist *Orange*.

Ich flog schließlich zusammen mit Jonathan auf die *Orange*-Konferenz nach Atlanta und die wunderbaren und lohnenden Tage dort waren ein Augenöffner für mich: Sie veränderten mein Denken und Leben als Pastor und als Papa.

Ich freue mich als Pastor, dass unsere Gemeinde eine blühende und vielfältige Kinder- und Jugendarbeit hat und unser Kinder- und Jugendbereich regen Zulauf er-fährt, denn für mich und meine Gemeinde sind Kinder und Jugendliche nicht die Zukunft der Kirche, sondern ein wesentlicher und schöner Teil der Gegenwart.

Ich freue mich als Papa, dass auch meine beiden Kinder gerne an den Kinderangeboten unserer Gemeinde teilnehmen, dass meine kleine Tochter Emmi gerne vor dem Essen und dem Schlafengehen betet, weil Gott in ihrem Leben eine wichtige Rolle spielt, und dass mein eineinhalbjähriger Sohn Michel zu christlichen Liedern ausgelassen tanzt. Dennoch hatte ich immer das Gefühl – als Pastor und als Papa –, irgendetwas Wesentliches fehlt.

Deutlich wurde mir dies, als vor Kurzem eine Mutter zu mir kam und erzählte, wie begeistert ihre Tochter von unserem Kindergottesdienst sei. Sie freue sich die ganze Woche über schon auf den Sonntagmorgen (sie als Mutter müsse dann eben auch immer mit in die Kirche gehen ...). Schließlich sagte die Mutter: „Meine Tochter möchte, dass ich mit ihr bete. Können Sie mir das bitte beibringen!?"

Ich habe viele solcher Gespräche geführt und ich merke, Eltern wollen das Beste für ihre Kinder, wollen sie unterstützen, auch in ihrer Spiritualität, und ihnen Gott nahebringen – aber sie wissen oftmals nicht, wie.

Orange hat mir hierbei die Augen geöffnet. Die Antwort ist kein Geheimnis und auch nicht unbedingt neu, aber so einleuchtend und klar, dass ich als Pastor und Papa seit der Konferenz in den USA *orange* denke und lebe.

Folgendes überzeugt vielleicht auch Sie:

Ein Jahr besteht aus exakt 8760 Stunden.

Etwa 3000 Stunden pro Jahr verbringt ein Elternteil im Schnitt mit seinem Kind.

Durchschnittlich 40 Stunden besuchen die Kinder regelmäßiger Gottesdienstbesucher die Gemeinde.

Lohnt es sich also, dass wir so viel Kraft, Energie und Ressourcen in die Arbeit mit Kindern und Jugendlichen stecken? Ja, es lohnt sich. Denn wir als Gemeinde prägen diese Kinder und Jugendlichen positiv.

Aber stellen Sie sich vor, welche Möglichkeiten sich eröffnen, wenn Gemeinden und Eltern an einem Strang zögen. Stellen Sie sich vor, wie positiv das Leben von Kindern und Jugendlichen beeinflusst werden könnte, wenn Gemeinden Eltern in religiösen Fragen unterstützten und ihnen konkret zeigten, wie sie ihren Kindern Gott und seine Liebe nahebringen können. Der Einfluss wäre weitaus größer als die Wirkung der durchschnittlichen 40 Gemeindestunden im Jahr!

Seit der *Orange*-Konferenz schaue ich anders auf meine Familie und auf die Familien in meiner Gemeinde, denn mir ist klar, dass Gemeinde sich viel effektiver mit der Familie verbünden muss. Denn kombiniert man die beiden Einflüsse Gemeinde und Familie – dann ergibt sich etwas Neues. Und mehr noch: Die Kombination dieser zwei Einflüsse bewirkt mehr als jeder für sich allein. Diese Kombination ist das Prinzip von *Orange*. Gemeinde und Eltern sollen sich „mischen", sollen sich verbünden mit derselben Strategie und demselben Ziel.

Die Farbe Orange symbolisiert diese Zusammenarbeit zwischen Gemeinde und Eltern, denn Orange ist eine Mischfarbe und entsteht, wenn man Gelb mit Rot mischt.

Gelb symbolisiert das Licht der Gemeinde, denn so wie

Jesus Christus gesagt hat, dass er das Licht dieser Welt ist, sollen auch Gemeinden Licht für diese Welt sein.

Rot steht für das Herz und die Liebe der Familie.

Wenn Sie also wirklich glauben, dass die Kombination zweier Einflüsse mehr bewirken kann als zwei Einflüsse für sich allein, dann ist jetzt der Zeitpunkt gekommen, den Wandel zu wagen und *orange* zu denken und zu leben!

Übrigens sind wir zwei Autoren in unserer Zusammenarbeit auch *Orange*. Denn wenn ein Pastor mit einem Kinderbereichsleiter zusammen Strategien für die Gesamtgemeinde entwickelt, wenn Kinder-, Jugend- und Familienbereich nicht als einzelne Teilbereiche einer Gemeinde für sich nebeneinanderstehen, sondern alle Bereiche gleichermaßen *orange* denken, verändert sich das Denken einer gesamten Gemeinde. Dann werden nicht nur Kinder oder Jugendliche erreicht, sondern alle Menschen vom Säugling bis zum Großvater.

So hoffen wir, dass Sie nach dem Lesen dieses Buchs ...

- erläutern können, was es mit den Double-Precision-Werten in LabViEW auf sich hat.
- überzeugt sind, dass auch die nächste Generation Glaube, Hoffnung und Liebe braucht.
- am Wohl der Familien interessiert sind.
- an das Potenzial einer Zusammenarbeit von Gemeinde und Familie glauben.
- glauben, dass die Kombination zweier Einflüsse mehr bewirken kann als zwei Einflüsse allein.
- die Farbe Orange lieben!

Dann wird dieses Buch Ihr Denken, Ihr Handeln, Ihr Leben und das der nächsten Generation verändern – also: denke und lebe *orange*!

Karsten Böhm

„Wenn wir eines Tages keine Geschichten mehr über veränderte Menschen erzählt bekommen, dann – das garantiere ich Ihnen – stoppen wir das, was wir gerade tun, egal, wie viele Menschen uns momentan besuchen. Dann verändern wir unsere Strategie."

Lane Jones

Die Geschichte von *Orange* und der North Point Community Church

Waumba, UpStreet, Transit und andere Fremdwörter

Sonntagmorgen. Wir, Karsten und Jonathan, kommen auf dem riesengroßen Parkplatz der North Point Community Church in Alpharetta im Norden von Atlanta an. Dies ist also die Gemeinde, in der *Orange* entwickelt wurde, und wir sind gespannt, inwieweit das *Orange*-Prinzip hier und heute sichtbar wird.

Freundliche Menschen weisen uns den Weg Richtung Kirche, die aus einer großen Multifunktionshalle besteht. Mit jedem Schritt, den wir uns der Kirche nähern, hören wir die Musik lauter.

Vor dem Eingang zur Kirche steht im Schatten eines Baumes ein DJ, der Chartmusik auflegt. Vor ihm tanzen einige Kinder und viele Menschen unterschiedlichster Herkunft strömen in die Kirche: Schwarze, Weiße, Asiaten begrüßen sich herzlich, manche kommen in Freizeitkleidung, andere in ihren besten Anzügen und Kleidern. Es gibt tätowierte Typen, die aussehen, als hätten sie bis zum Morgengrauen auf einem Rockkonzert gefeiert. Andere scheinen gerade eben noch an der Wallstreet mit Aktien gehandelt zu haben.

Wir denken, dass sich Gott seine Gemeinde genau so vorstellt: Menschen mit unterschiedlichsten Hintergründen und aus unterschiedlichen Schichten sind vereint im Glauben an Jesus Christus.

Besonders auffällig ist auch die große Anzahl an Familien, die oft mit drei Generationen vertreten sind.

Als wir im Gebäude sind, strömen die Erwachsenen ins große Auditorium, die unzähligen Kinder und Jugendlichen eilen in ihre Räume und Anne, eine Mitarbeiterin aus der Kinderarbeit von North Point, heißt uns herzlich willkommen. Anne erklärt uns, dass gleich um 11.00 Uhr der zweite Gottesdienst für Erwachsene (von insgesamt 3 Erwachsenengottesdiensten) beginnt. Vorher dürfen wir einen Blick werfen in die Bereiche für die Kindergartenkinder („Waumba-Land"), für die Grundschüler („UpStreet") und die Teenager der Mittelstufe („Transit"), wo jeweils parallel zum Erwachsenengottesdienst entsprechende Kindergottesdienste gefeiert werden. Die älteren Jugendlichen der Highschool treffen sich dagegen sonntagabends bei „InsideOut".

Waumba-Land

Wir biegen vom großen Eingangsbereich ab und gehen durch ein großes Tor, dahinter öffnet sich ein Dschungel: Unterschiedlichste Tierköpfe, wie aus einem Disney-Film, strahlen uns an. Wir sind im Reich der Kindergartenkinder angekommen – im Waumba-Land, was so viel wie „Land des Schöpfers" bedeutet (Waumba = Schöpfer auf Suaheli) und programmatisch für den Kleinkinderbereich ist.

Hier im Kleinkinderbereich sind die Wände bunt bemalt, wir stehen unter Bäumen, weichen Lianen aus und hören im Hintergrund Vogelgezwitscher oder Meeresrauschen. Den Eingangsbereich schmücken süße Tiger und Pandas, ein anderer Gang zeigt Koalas und Kängurus, ein weiterer symbolisiert das Meer mit bunten Fischen, Walen, Muscheln. Wir fühlen uns wie auf einer Safari, auf Tauchgang in Nemos Ozean oder auf einer Abenteuerreise in die Antarktis. Da wäre man am liebsten selbst noch einmal Kind. Denn eins ist klar, hier macht Gottesdienst Spaß!

Nicht nur die farbenfrohe Gestaltung der Räume, auch die Größe der Möbel, die Höhe der Kleiderhaken, die Auswahl des Spielzeugs und viele andere liebevolle Details zeigen, dass hier Kindergartenkinder ihre Heimat haben. Anne erklärt uns, dass Kinder in diesem Alter am leichtesten über die Natur und die Schöpfung Zugang zu Gott finden, weshalb Pflanzen und Tieren den ganzen Bereich prägen. Dazwischen hängen immer wieder Tafeln mit Bibelversen, wie beispielsweise „Am Anfang schuf Gott Himmel und Erde".

Während Anne begeisternd erklärt, winken uns viele lachende Kinder zu. Sie freuen sich offenbar riesig auf das Programm, das in wenigen Minuten beginnt.

UpStreet

Wir laufen weiter und betreten die UpStreet – den Bereich der Grundschulkinder. Ich fühle mich sofort an die Sesamstraße und die Muppet Show erinnert. Die UpStreet ist eine breite, bunte Allee, von der mehrere Kleingruppenräume abgehen. Auch hier ist alles kindgerecht, einladend, farbenfroh und voller Liebe gestaltet.

Überall wuseln Grundschulkinder und Betreuer herum und sind auf dem Weg in ihren Gruppenraum. Alles steht unter dem Motto: „Die Zeit hier in der Kirche soll die beste Zeit der Woche sein!" Wir glauben sofort, dass die Menschen hier umsetzen, was sie glauben: dass die Bibel niemals langweilig sein sollte, dass Lobpreis richtig laut sein darf und gute Leiter immer ein offenes Ohr für die ihnen anvertrauten Kinder haben. Dies passiert im Wechsel zwischen Großgruppe und Kleingruppe mit Theater, guter Musik, Spielen sowie kreativen und überraschenden Elementen, die die Bibel lebendig werden lassen.

Neben der herausragenden Gestaltung und Ausstattung der Räume fallen uns ein paar besondere Details auf. Gleich am Eingang zur UpStreet parkt ein großer Kirmeswagen voller Luftballons, Süßigkeiten und Spielsachen. Daneben steht ein Schild: „Stopp! Wenn du diese Woche Geburtstag hast, bekommst du hier ein kleines Geschenk!" Ein als Clown kostümierter Mitarbeiter verteilt die Überraschungen an die Geburtstagskinder.

In dem Moment rennt eine Gruppe Kinder mit grünen T-Shirts an uns vorbei. Hinter ihnen her jagt ein junger Mann, ebenfalls im grünen Shirt. Ein paar Schritte weiter winken uns Kinder aus der roten Gruppe zu, eines von ihnen zwinkert so verschmitzt wie der Smiley auf seinem T-Shirt. Offenbar hat jede Kleingruppe eine eigene Farbe sowie ein eigenes Symbol. Dass nicht nur die Kinder, sondern auch ihre Gruppenleiter entsprechende T-Shirts tragen, finden wir toll. Auch in den Gruppenräumen finden sich beide Merkmale wieder. Das hilft gerade neuen Kindern, sich in dem fröhlichen Gewusel auf der UpStreet zu orientieren.

Anne zeigt uns noch kurz den Mitarbeiterraum und da läuft uns das Wasser im Mund zusammen. Ein großer Tisch biegt sich unter Unmengen an Bagels, Donuts, Früchten und Getränken. Anne erklärt, dass jeder Mitarbeiterbereich bei North Point sonntags sein eigenes Frühstücksbüfett hat, denn „mit leerem Magen lässt es sich nur schwer feiern"! Was wie eine Kleinigkeit scheint, verdeutlicht, dass Mitarbeiter bei North Point geschätzt, motiviert und unterstützt werden.

Transit

Da es nun fast 11:00 Uhr ist, bringt Anne uns noch schnell zu den Teenagern, ins Transit.

Jugendliche registrieren sich am Eingang selbst mithilfe von iPads und strömen in einen großen Raum, wo schon eine Band spielt. Es herrscht ausgelassene Stimmung, die Jugendlichen klatschen, singen mit, lachen, treffen ihre Freunde.

Uns erinnert der Saal an eine angesagte Disco. Vorne eine Bühne, davor eine Fläche zum Tanzen, Hüpfen, Feiern. Weiter hinten einige Tische mit Stühlen, direkt daneben einer Bar. Von einer offenen Galerie oben im Raum überblickt man den ganzen Saal. Hier tummeln sich vor allem die Jungs und schauen aus der Distanz dem bunten Treiben unten zu. Der Raum ist genial konzipiert, denn er passt perfekt in die Lebenswelt von Teenagern. Ins Transit kann man getrost völlig unkirchliche Freunde mitbringen. Sie werden sich hier sofort wohlfühlen. Transit ist ein cooler Ort, wo Glaube und Kirche relevant sind. Hier wirkt nichts aufgesetzt, weltfremd, merkwürdig oder altmodisch. Und das Beste daran: Jesus Christus steht im Zentrum.

Orange – tatsächlich?

Mittlerweile haben wir drei große Gottesdienstbereiche für drei verschiedene Altersgruppen gesehen, aber während wir Richtung Auditorium schlendern, um den Erwachsenengottesdienst mitzufeiern, fragen wir uns, was all das mit dem Konzept *Orange* zu tun hat.

Am Eingang zum Auditorium wird uns eine Karte in die Hand gedrückt, auf der das Thema der heutigen Gottesdienste samt einigen Kernaussagen und weiterführenden Infos stehen. Uns fällt auf, dass der Erwachsenengottesdienst dabei keineswegs als Haupt- oder gar einziger Gottesdienst bezeichnet wird. Vielmehr steht er gleichberechtigt neben den drei Kinder- und Jugendgottesdiensten.

Kindergottesdienste gibt es hier offensichtlich nicht einfach nur, damit Eltern in Ruhe ihren Gottesdienst besuchen können. Denn die Angebote für die Kinder werden ebenso professionell, attraktiv und engagiert beworben wie die für die Erwachsenen. Es gibt auch genauso viele haupt- wie ehrenamtliche Mitarbeiter. Hier bei North Point werden Sonntag für Sonntag vier gleich wichtige und gleich wertvolle Gottesdienste parallel gefeiert.

Ein weiteres Prinzip von *Orange* zeigt sich darin, dass alle vier Gottesdienste dasselbe Thema haben, natürlich jeweils auf die entsprechende Zielgruppe abgestimmt. Außerdem werden am Ende jedes Gottesdienstes Karten mit weiterführenden Fragen und Impulsen zum Predigtthema verteilt. Sie laden dazu ein, ins Gespräch zu kommen, etwa mit dem Partner oder mit Freunden, aber auch mit seinen Kindern oder Enkeln. Auch die Kinder und Jugendlichen bekommen solche Zettel, um ihre Eltern mit Fragen zu löchern!

Schließlich beginnt der Erwachsenengottesdienst und er begeistert uns durch die Leidenschaft und Professionalität, mit der er gefeiert wird. Eine schlichte, schöne Deko

27

ziert die Bühne, auf der uns ein freundlicher Moderator humorvoll und trotzdem tiefsinnig ins Thema einführt. Nach einem Gebet und einigen Lobpreisliedern – gespielt von einer Band, die jeder bekannten Popgruppe das Wasser reichen könnte – kommen wir zum Höhepunkt des Gottesdienstes: zwei Taufen. Die beiden erwachsenen Täuflinge erzählen ihre Glaubensgeschichte, bevor sie in einem großen gläsernen Taufbecken untergetaucht und getauft werden. Unter dem Applaus des bis auf den letzten Platz gefüllten Gottesdienstraumes tauchen sie wieder auf.

Die Predigt des Hauptpastors Andy Stanley dauert rund dreißig Minuten und ist lebensnah, biblisch und relevant. Er spricht frei, hält engen Kontakt zur Gottesdienstgemeinde und man spürt ihm seinen Glauben und seine Leidenschaft für Gott und die Menschen ab. Wir wundern uns nicht, dass er als einer der besten Prediger der USA gilt. Er schließt den Gottesdienst mit einem Gebet ab und wir alle staunen, wie schnell der Gottesdienst vorbeiging. Insgesamt dauerte er knapp eine Stunde. Es ist zwei Minuten vor zwölf und den Eltern bleibt genug Zeit, um ihre Kinder abzuholen. Es ist ein kleines, aber unseres Erachtens wichtiges Detail, weil es zeigt, dass das Augenmerk tatsächlich auf Familien liegt. Ein *oranges* Detail.

Kinder, Jugendliche und Familien sind die zentrale Zielgruppe von North Point. Bei unserem Besuch wurde uns sehr deutlich, dass Kinder und Jugendliche hier nicht nur die Zukunft der Kirche sind, sondern wesentlicher Bestandteil der Gegenwart der Kirche.

Wie alles begann ...

Im November 1995 stand der heutige Hauptpastor der North Point Community Church, Andy Stanley, vor einer Gruppe von Gläubigen im North Atlanta Convention Center und zeichnete die Vision einer neuen Kirche. Er sagte: „Atlanta braucht keine weitere Kirche. Was Atlanta aber wirklich braucht, ist eine Gemeinde, zu der Kirchenferne kommen und die lebensverändernde Wahrheit hören können, dass Jesus Christus sich um sie sorgt und für ihre Sünden starb." Dies war der Startschuss der North Point Community Church.

In den ersten drei Jahren traf sich die Gemeinde alle zwei Wochen in angemieteten Räumen im Großraum Atlanta. Als 1996 die Olympischen Spiele in Atlanta stattfanden, konnte North Point neun Wochen gar keinen Gottesdienst feiern – alles war ausgebucht. „Das war unsere Pionierzeit", sagt Julie Arnold, Leiterin des Serviceteams. „Jede und jeder musste anpacken und tun, was getan werden musste. Es war äußerst schwierig, North Point damals zu besuchen, vor allem für Familien mit Kindern. In dieser schweren und unruhigen Zeit zogen nur die mit, die wirklich hinter unserer Mission und Strategie standen!"

Wenn Andy Stanley über die turbulenten Anfangsjahre spricht, legt er sein Augenmerk auf die einmalige Gelegenheit, die diese ungewöhnliche Situation bot. „Wir trafen damals die strategische Entscheidung, uns nicht auf Wachstum zu konzentrieren, sondern den Fokus auf die Entwicklung von guter Leiterschaft zu legen. Dass wir

29

schließlich unsere ersten eigenen Räumlichkeiten bezogen und wöchentlich Gottesdienste anbieten konnten, verdankten wir der damaligen Entscheidung einer Gruppe von Leitern, die ganz genau wussten, wohin wir mit unserer Gemeinde wollten und wo sie sich einbringen konnten – wo ihr Platz war."

KidStuf und die Geburtsstunde von *Orange*

North Point setzte schon immer einen Schwerpunkt auf die Arbeit mit Familien und forcierte die Idee, dass Gemeinde und Familie eine Art Partnerschaft eingehen. Dies lag nahe, denn viele Mitarbeiter und Leiter der ersten Stunde waren Eltern von kleinen Kindern. So war die Gründung von North Point in gewisser Hinsicht für die eigenen Familien und die Zukunft der eigenen Kinder gedacht. Und Reggie Joiner, einer der Gründerpastoren von North Point, trug die Verantwortung dafür, das entsprechende Umfeld für sie zu schaffen.

Zu diesem Zweck verfasste Reggie Joiner eine einfache Prämisse: Eltern und Kinder sollten in einem gemeinsamen Umfeld regelmäßig zusammenkommen. Anstatt Kinder in einen Gottesdienst für Erwachsene zu schicken, damit sie sich für einen Erwachsenenglauben begeistern, verfolgte er mit dem neuen Programm „KidStuf" das Gegenteil: Es sollte die Eltern in den Kindergottesdienst holen, um sie für das zu begeistern, was ihren Kindern beigebracht wurde.

Die neue Idee erzeugte viel Gegenwind und brachte zahlreiche Kritiker auf den Plan. In der Planungsphase rieten alle erfahrenen Kinderdienstleiter in den USA von diesem Konzept ab. Der Grund: Man könne Kinder vom Kindergartenalter bis zur fünften Klasse inklusive deren Eltern nicht in einem gemeinsamen Kontext ansprechen, so der allgemeine Tenor. Deshalb hätte North Point die Idee auch tatsächlich fast verworfen. Doch dann kam ein Film in die Kinos, der dieses ungewöhnliche und scheinbar unrealisierbare Konzept bestätigte – Disneys „König der Löwen".

Reggie Joiner, heute der Kopf von *Orange*, erzählt: „Meine Kinder waren elf, neun, sieben und fünf Jahre alt, als wir uns diesen Film gemeinsam anschauten. Währenddessen wurde mir bewusst, dass hier ein echtes Familienerlebnis kreiert worden war und die Gemeindeexperten mit ihrer Aussage falschlagen. Disneys Autoren hatten für jede Altersgruppe etwas geschaffen, das ihre Aufmerksamkeit fesselte. Ich selbst lachte über eine witzige Bemerkung der von Whoopi Goldberg gesprochenen lachenden Hyäne und meine fünfjährige Tochter schaute mich ernst an, weil sie nicht verstand, was daran lustig war. Als sie dann über ein bestimmtes Verhalten von Simba lachte, verdrehte ich die Augen, um ihr zu zeigen, dass es kindisch war. Mein Sohn war vom Elefantenfriedhof fasziniert und jeder aus der Familie reagierte auf den Part, der speziell auf ihn zugeschnitten war, und dadurch wurde der Film für uns alle – ob jung oder alt – ein tolles Erlebnis." Auf dem Heimweg fragte sich Reggie Joiner ernsthaft, warum Gemeinde nicht genauso sein könnte.

Einige Monate später, im Jahr 1995, folgte die erste KidStuf-Veranstaltung. Damals wurde der Name KidStuf auf einen schwarzen Hintergrund gemalt, man traf sich in der Cafeteria einer Grundschule und einige Sänger, zwei Moderatoren, ein Schauspieler und ein Camcorder lieferten das Programm.

Damit war KidStuf amerikaweit eines der ersten wöchentlichen Familienprogramme innerhalb einer christlichen Gemeinde. Bis heute findet das interaktive, werteorientierte 35-minütige Programm für Kinder samt Eltern einmal im Monat im Rahmen von UpStreet statt. Reggie Joiner drückt es gerne folgendermaßen aus: „KidStuf ist das Programm, zu dem Kinder ihre Eltern zum Lernen mitbringen!"

Als erster neu- und andersartiger Gottesdienst von North Point sorgte KidStuf bald für Furore im Großraum Atlanta. Er war sozusagen die Geburtsstunde von *Orange*. Heute veranstalten Gemeinden, inspiriert von KidStuf, überall in den USA vierteljährlich, monatlich oder wöchentlich solche Familienerlebnisse.

Vom Raummangel zur Megagemeinde

Im Dezember 1996 kaufte North Point ein 83 Hektar großes Gelände in Alpharetta, einer Kleinstadt rund 25 Kilometer nördlich von Atlanta.

Sechs Monate später begann der Bau und es wurde ein Auditorium mit 2700 Plätzen gebaut, zu dem später ein zweiter großer Saal hinzukam, sodass mittlerweile 5000 Erwachsene Platz haben. Darüber hinaus entstanden ein kleineres Auditorium, Büros sowie Räume für Kinder und Jugendliche. Am 27. September 1998 bezog North Point die neuen Räumlichkeiten. Am Eröffnungssonntag kamen rund 2000 Erwachsene zu den beiden Morgengottesdiensten. Bis Weihnachten wuchs die Besucherzahl auf rund 3000 Erwachsene. Zum Ende des ersten Jahres stieg der Gottesdienstbesuch auf durchschnittlich rund 4000 Erwachsene.

Also wurden Pläne für einen Erweiterungsbau geschmiedet. Rick Hollidy, Leiter der Bauabteilung, erklärt: „Es war äußerst schwierig zu bestimmen, was wir genau bauen sollten. North Point wuchs so schnell, dass wir kein gutes Gefühl dabei hatten, eine dreijährige Baukampagne zu starten. Außerdem hatten wir keine Vorstellung davon, was für ein Auditorium wir wohl in drei Jahren benötigen würden." Als Ergebnis dieses Dilemmas entschied die Gemeindeleitung, Gottesdienste an mehreren Orten gleichzeitig anzubieten, statt ein riesengroßes Auditorium zu bauen. Das war der schnellere und kostengünstigere Weg, um dem Wachstum zu begegnen.

Mittlerweile umfasst die North Point Community Church fünf Standorte in und um Atlanta und die Gottesdienste werden im Radio und im Fernsehen übertragen. Derzeit besuchen rund 24.000 Erwachsene Woche für Woche die unterschiedlichen Gottesdienste. Hinzu kommen rund 8000 Kinder und Jugendliche. Damit ist North Point die größte Gemeinde in der Region Atlanta und die zweitgrößte in den USA.

Auf die Frage nach dem erstaunlichen Wachstum von North Point bekommt man die Antwort: „Wir können es nicht erklären. Und wir versuchen es auch gar nicht. Wir beten nur darum, dass wir Gott mit unserer Arbeit und unserem Tun nicht in die Quere kommen."

Verändertes Leben statt große Zahlen

Von Besucherzahlen, wie North Point sie hat, träumen nicht nur wir in Europa, sondern auch unzählige Gemeinden in den USA. Aber die Zahlen erzählen nicht die ganze Geschichte. Verändertes Leben ist das, was North Point antreibt.

Lane Jones, Pastor am Tochtercampus Browns Bridge, drückt es folgendermaßen aus: „Unser Wunsch ist, dass Menschen eine wachsende Beziehung zu Jesus Christus aufbauen. Und das ist kein frommer Spruch an einer unserer Wände. Daran messen wir unseren Erfolg, von Beginn an. Wenn wir eines Tages keine Geschichten mehr über veränderte Menschen erzählt bekommen, dann – das garantiere ich Ihnen – stoppen wir das, was wir gerade tun, egal, wie viele Menschen uns momentan besuchen. Dann verändern wir unsere Strategie."

Gott sei Dank musste North Point bisher seine Strategie nicht grundlegend verändern ...

*„Wenn Sie anfangen, orange zu denken,
wird Ihnen klar: Die Kombination
zweier Einflüsse entfaltet größere Wirkung
als jeder für sich allein."*

Reggie Joiner

Die *Orange*-Idee

Um *Orange* zu verstehen ist zunächst womöglich ein Perspektivwechsel nötig: Mache ich Angebote für Kinder, damit Erwachsene in Ruhe Gottesdienst feiern können oder weil auch Kinder sowie Jugendliche vollwertige Gemeindeglieder sind mit ihren eigenen speziellen Bedürfnissen? Nehmen wir also Kinder und Jugendliche als gleichwertige Mitglieder in Gottes großer Familie wahr und helfen ihnen, ihren Glauben zu entdecken und zu entwickeln?

Die Strategie *Orange* setzt einen bewussten Schwerpunkt auf Kinder und Jugendliche und bindet die dazugehörigen Familien mit ein. Dies hat gute Gründe, denn Kinder, Jugendliche und Familien sind nicht nur die Zukunft der Kirche, sondern wesentlicher Bestandteil der Gegenwart der Kirchen und Gemeinden.

Statistische Untersuchungen machen deutlich, dass viele Gläubige ihre ersten Glaubensschritte im Kindes- und Teenageralter gegangen sind. Gerade in der Jugendzeit werden Grundlagen gelegt, die das weitere Leben entscheidend prägen. Zahlen aus den USA belegen, dass rund 80 Prozent aller Christen im Alter bis 16 Jahren zum Glauben gefunden haben. Die Zahlen für Deutschland und die Schweiz sehen ähnlich aus.

Außerdem hat sich gezeigt, dass auch Erwachsene neu für Glauben und Gemeinde ansprechbar sind, wenn sie Nachwuchs bekommen. Die Geburt ihres Kindes erleben viele Eltern als eine Art spirituelles Erlebnis, verbunden mit Fragen nach dem Sinn des Lebens, nach Orientierung und Gott. Eltern lernen Gott, Glaube und Gemeinde mit ihren Kindern und durch ihre Kinder neu kennen. Selbst Menschen, die seit Jahren keinen Kontakt mehr zu einer Gemeinde hatten – was statistisch ein hoher Prozentsatz ist –, lassen sich wieder auf Glaubensfragen ansprechen, wenn sie Kinder bekommen. Und selbstverständlich erwarten diese jungen Eltern dann kompetente Antworten und Angebote von Gemeinden.

Die Ansprechbarkeit von jungen Familien birgt viele Chancen; sie ist ein bedeutender Anknüpfungspunkt für die Gemeindeentwicklung. *Orange* setzt genau an diesem Punkt an: *Orange* versucht, die Zusammenarbeit von Familien und Gemeinden so zu verbessern, dass beide Einflüsse zusammenwirken, um letztlich die Wirkung auf die junge Generation zu steigern. Damit das funktioniert, müssen beide ein gemeinsames Ziel vor Augen haben. Zunächst wollen wir jedoch beide Faktoren – die Gemeinde und die Familie – für sich allein in den Blick nehmen.

Gemeinde im Fokus

Wenn Sie sich Ihre persönliche Wunschgemeinde erträumen könnten, wie sähe diese aus? Oder anders gefragt: Was ist für Sie das Wichtigste in einer christlichen Gemeinde?

Mir, Jonathan, fallen spontan folgende Dinge ein: Meine Gemeinde sollte offen sein für neue Menschen und offen für Veränderungen. Bewährtes sollte nicht einfach fallen gelassen werden, aber die Tatsache, dass „es schon immer so war", dürfte auch kein Maßstab sein. Mir wäre ein Miteinander der Generationen, ein Miteinander von Jung und Alt, Heranwachsenden und Erwachsenen wichtig. Mir wäre wichtig, dass es Predigten gibt, die mich in meiner Lebenssituation ansprechen, die mich herausfordern. Aber auch, dass die Person, die predigt, selbst versucht zu leben, was sie sagt. Mir wäre wichtig, dass ich die Möglichkeit habe, in dieser Gemeinde mitzuarbeiten und mich mit meinen Gaben und Fähigkeiten einzubringen. Mir wäre wichtig, dass mich die Musik in den Gottesdiensten berührt. Und ich könnte noch einiges mehr aufzählen.

Wenn ich an mir bekannte Gemeinden denke, merke ich, dass ich vieles von dem, was ich mir wünsche, dort finde. Manches ist aber auch schwierig und nicht so, wie ich es mir erträume. Eben das ist die Krux an der Traumgemeinde. *Die* Traumgemeinde bleibt oft genug ein Traum. Verstehen Sie mich nicht falsch: Ich finde es gut und wichtig, zu träumen und daran mitzuarbeiten, dass Träume Stück für Stück Wirklichkeit werden. Aber Gemeinden bestehen aus Menschen und Menschen sind oft genug alles andere als traumhaft. Zumindest die Menschen, die ich kenne. Allen voran ich selbst.

Als Kinderbereichsleiter meiner Gemeinde habe ich manchmal das Gefühl, dass ich trotzdem diesem Traum von Gemeinde nachjage. Ich mache mir viele Gedanken darüber, wie die Gemeinde, der Bereich, die Veranstaltung aussehen sollte. Wie ist die Form, die Zielsetzung, die Zielgruppe? Wie sind die Methoden, die didaktischen Überlegungen, der entwicklungspsychologische Ansatz, die theologische Ausrichtung? Es gibt viele Antworten auf die Frage: „Wie sollte das sein, was wir in der Gemeinde tun?" Oft vergesse ich darüber die Frage nach dem *Was*. Was ist der Sinn des Ganzen? Was möchte ich weitergeben?

Der Sinn von Gemeinde

Die wenigsten werden uns widersprechen, wenn wir behaupten:

Der Auftrag einer christlichen Gemeinde ist es, der Welt Gott zu zeigen.

Bei der Lektüre von Reggie Joiners „Lebe Orange!", S. 34 f., ging uns bei folgender Passage ein Licht auf, und das nicht nur im übertragenen Sinn:

„Im letzten Buch der Bibel wird dieser Gedanke noch einen Schritt weitergeführt. Wir finden dort eine starke Metapher für die Bestimmung der Gemeinde: Es ist der Leuchter im Heiligtum. Johannes berichtet im ersten Kapitel der Offenbarung, wie Jesus die Gemeinde mit einem

Leuchter vergleicht, und ermahnt die Gemeinden so nachdrücklich, ihrer Verantwortung auch gerecht zu werden (Offenbarung 1,20)."

In der frühen Gemeinde wäre jedem beim Lesen dieser Worte sofort die Bedeutung der Leuchter-Metapher klar gewesen. Im Buch Exodus wird beschrieben, dass er zu den wenigen Gegenständen gehörte, die Gott für die Stiftshütte vorschrieb. Er gab genaue Anweisungen zur Handhabung des Leuchters – etwa, welches Öl verwendet werden sollte, wo er zu stehen hatte und worauf sein Licht scheinen sollte. Viele Passagen aus dem zweiten Buch Mose beschreiben den Leuchter und vermitteln dabei zugleich ein tieferes Verständnis für den Auftrag der Gemeinde Gottes. So war der Leuchter, abgesehen von der Gegenwart Gottes, die einzige Lichtquelle im Inneren der Stiftshütte. Und die Priester mussten darauf achten, dass dieses Licht niemals erlosch.

Eines der faszinierenden Details über den Leuchter ist sein Standort: Er befand sich neben dem Tisch mit den „Schaubroten". Das waren geweihte Brotlaibe, die auch „Brote der Gegenwart" genannt wurden. Der Leuchter stand zu einem ganz bestimmten Zweck an diesem speziellen Ort: Er sollte Licht auf den Tisch mit dem Brot werfen, also auf den Gegenstand, der Gottes Gegenwart und Fürsorge repräsentierte.

Der Sinn und Auftrag der christlichen Gemeinde ist es, Licht zu sein. Ein Licht, dessen Schein erhellen soll, wer Gott ist. Diese Tatsache allein war für uns nichts Neues. Wir haben sie gewissermaßen mit der geistlichen (und vielleicht sogar mit der biologischen) Muttermilch aufgenommen.

Aber ist uns bewusst – ja, hier nehmen wir nun auch Sie mit in die Pflicht –, dass die Gemeinde ihr Licht ausschließlich darauf fallen lassen soll, wer Gott ist?

Vom Leuchter in der Stiftshütte ging kein breiter Lichtschein aus, der das gesamte Heiligtum erhellt hätte. Sein Lichtstrahl konzentrierte sich auf die Erleuchtung der Schaubrote. Wenn Johannes die sieben Gemeinden in der Offenbarung ermahnt, dann deshalb, weil ihr Lichtschein Gefahr lief, nicht mehr das in den Fokus zu nehmen, was er zu erhellen hatte. Alle Methoden, Formen, alles Fragen nach dem Wie wurde deshalb infrage gestellt, weil sie dabei waren, ihre Wirkung als Gottes Licht für ihr Umfeld zu verlieren.

Wenn Gott im Scheinwerferlicht steht

Ist uns in unseren Gemeinden bewusst, dass – bei allem Fragen nach dem Wie – das Was an erster Stelle stehen sollte? Ist der Lichtschein unserer Gemeinden auf Gott fokussiert?

Mir, Jonathan, ergeht es oft genug so, dass meine Gedanken mehr darum kreisen, wie eine Veranstaltung sein sollte, wen ich erreichen möchte oder was sie kosten wird, als darum, wie wir Gott in den Mittelpunkt stellen können.

Ein Beispiel:

Seit einigen Jahren gibt es in unserer Gemeinde immer mal wieder ein Kindermusicalprojekt – ersetzen Sie das Kindermusical bei Bedarf bitte durch eine andere Gemeindeveranstaltung, die Ihnen bekannt ist.

Die Kindermusicals sind mittlerweile sehr erfolgreich und beliebt. So studierten wir im Jahr 2012 bereits zum achten Mal mit etwa 100 Kindern und fast 50 ehrenamtlichen Mitarbeitenden so ein Musical ein. Zu den vier Aufführungen kamen über 1500 Zuschauer. Auf den ersten Blick sind das nur Zahlen, doch dahinter verbirgt sich eine Entwicklung, die diese Projekte in unserer Gemeinde in Gang gebracht haben: Zuschauer sind so von den Aufführungen begeistert, dass sie auch andere Gemeindeveranstaltungen besuchen. Mitarbeitende werden von der Begeisterung angezogen und wollen selbst mit dabei sein. Kinder entdecken ihren Selbstwert und ihre Fähigkeiten und bringen ihre Freunde zum nächsten Projekt mit. Eltern und Familien sind dankbar für diese wichtige Zeit, die ihre Kinder bei den Projekten erleben.

Ich könnte mir nun von Ihnen auf die Schulter klopfen lassen, vermute aber, dass Sie das als kritisch-hinterfragender, mitteleuropäischer Mensch nicht tun werden – und das ist richtig so. Denn das hier Beschriebene sagt noch nichts darüber aus, wie das Projekt dazu beiträgt, Gott in den Fokus zu rücken.

Deshalb haben wir als Kindermusicalteam bei den letzten Projekten versucht, Gott stärker in den Mittelpunkt zu stellen. Das Musical sollte das Gefäß sein, nicht der Inhalt. Anders ausgedrückt: Die Anziehungskraft des großen

Bühnenprojekts sollte dazu dienen, dass das Scheinwerfer-
licht nicht die Schauspieler, die Musiker oder den Kom-
ponisten, sondern Gott selbst ins Blickfeld rückt.

Familie: ein Wort mit vielen Bedeutungen

Vorab: Es ist uns bewusst, dass es die perfekt funktionierende Traumfamilie ebenso wenig gibt, wie es die perfekt
funktionierende Traumgemeinde hier in unserem irdischen
Kontext geben kann.

Familie kann heute, weniger denn je, als eine perfekt
funktionierende Gemeinschaft von Vater, Mutter, Kind(ern)
verstanden werden. Und trotzdem lohnt es sich, einen Blick
darauf zu werfen, wie wir uns diese Traumfamilie vorstellen.
Nur dann, so glauben wir, können wir eine Ahnung davon
bekommen, was das Wichtigste ist, das eine Familie ausmacht. Und dann merken wir vielleicht, dass dies nicht nur
im Stereotyp von Familie das Wichtigste sein könnte, sondern in allen denkbaren Formen von familiärem, ja sogar
freundschaftlichem Zusammenleben.

Wenn wir in diesem Kapitel also von „Familie" sprechen, dann haben wir nicht nur *ein* Bild von Familie vor
Augen. Es geht nicht um die Frage, in welcher Form von
Beziehung oder Nicht-Beziehung die Erziehenden leben
oder in welcher Form von Verwandtschaftsverhältnis sie zu
den Kindern stehen! Es geht hier um die Frage, was das
Wichtigste ist, das Erziehende Kindern geben können. Um
das deutlich zu machen, werden Sie das Wort „Familie" in

Anführungszeichen lesen. Ebenso bitten wir Sie, bei dem Wort „Eltern" immer auch diejenigen mitzudenken, die für die Erziehung von Kindern und Jugendlichen in einer „Familie" verantwortlich sind, auch wenn sie nicht deren biologische Eltern sind, wie beispielsweise der Stiefvater, die Oma, der Nachbar als Ersatzopa.

Weil es uns so wichtig ist, genauer in den Blick zu nehmen, wie „Familie" heute in unserer Gesellschaft aussieht, kommen wir später im Kapitel „Kinder und Jugendliche in der Gemeinde und der Gesellschaft" darauf zurück.

„Familie" im Fokus

Worum geht es also in einer „Familie"? Worum geht es, wenn Kinder in einer „Familie" aufwachsen, und was ist das, was sie dort mitbekommen sollten?

In vielen „Familien" ist eines der wichtigsten Themen die Bildung. Ein Kind sollte lernen, selbstständig zu denken, verantwortlich zu handeln, Wissen anzuwenden, seine Gaben und Fähigkeiten einzusetzen und konfliktfähig mit anderen leben zu können. Um diese Entwicklung zu unterstützen, gibt es eine Reihe von Hilfen und Hilfsangeboten: Krabbelgruppen, Hort und Kindergarten, Schulunterricht, Musikschule, Sportverein, Sprachunterricht, Gemeinde, Feuerwehr ...

All das ist gut und wichtig und dennoch: Es lässt uns gleichzeitig an Kinder denken, die schon in jungen Jahren mit einem vollen Terminkalender leben. Wir denken an Eltern, die gut beschäftigten Taxifahrern gleichen, weil sie ihre Kinder ständig zu verschiedenen Veranstaltungen kutschieren. Da stellt sich die Frage: Unterstützt dies alles eigentlich das, was der Fokus einer „Familie" ist?

Die meisten Eltern wünschen sich, dass ihre Kinder möglichst glücklich und zufrieden aufwachsen und alles haben, was sie zum Leben brauchen. Manche Mütter und Väter versuchen sogar, ihren Kindern alles zu ermöglichen, was sie sich wünschen. Doch angesichts ständig wechselnder Trends ist es nicht nur finanziell kaum möglich, dem Kind immer alles zu bieten, was sein Herz begehrt.

Vielen Eltern ist es wichtig, dass ihre „Familien" finanziell gut abgesichert sind. Verständlich, denn Leben kostet Geld. Da sind ein Sparkonto, ein Haus oder ein Betrieb, die man seinen Kindern einmal vererben kann, nicht die schlechteste Investition in die Zukunft. Das führt natürlich häufig dazu, dass Eltern mehr und länger arbeiten, um ihre „Familie" besser versorgen zu können. Manche Kinder erleben ihre Eltern überwiegend als vielbeschäftigte Berufstätige.

Vielleicht kennen Sie das Bild des alten Familienvaters, der nach einem erfüllten Leben im Sterben liegt und sagt: „Ich wünschte mir, ich hätte mehr Zeit mit meinen Kindern verbracht!" Dahinter steht die Erkenntnis, dass das, was von diesem Vater in den Köpfen seiner Kinder bleiben wird, die Erinnerung an persönliche Erlebnisse mit ihm sein wird. Die Beziehung, die er zu seinen Kindern hatte, prägte sie von Beginn ihres Lebens an und wird sie über seinen Tod hinaus weiter prägen – nicht sein Erbe, nicht seine Geschenke und sein Geld und auch nicht sein organisatorisches Talent, seinen Kindern möglichst viele Bildungsangebote zukommen zu lassen.

Wir wagen deshalb die These:

Es ist gar nicht so wichtig, was Erziehende ihren Kindern hinterlassen, viel wichtiger ist, was sie *in ihnen* hinterlassen.

Erinnern Sie sich doch einmal an Ihre Kindheit und Jugend, an die Zeit in Ihrer „Familie" zurück. Wie und wo haben Sie gelebt? Woran können Sie sich erinnern? Wie waren die Beziehungen in Ihrer „Familie"? Welche positiven Erinnerungen haben Sie? Welche negativen? Vielleicht nehmen Sie sich etwas Zeit dafür, vielleicht schreiben Sie einige Gedanken auf, die Ihnen dabei in den Sinn kommen.

Vom Vorbild der Eltern

Wir sind beide in einer „Familie" aufgewachsen, in der unsere Eltern und unsere Geschwister zusammen mit uns gelebt haben. Dafür sind wir dankbar und gleichzeitig sind wir uns bewusst, dass nicht alle Kinder in einem so überschaubaren Beziehungskonstrukt aufwachsen.

Wenn ich, Jonathan, zurückdenke, erinnere ich mich vor allem an Zeiten, die wir als „Familie" oder ich mit meinem Vater oder meiner Mutter gemeinsam verbracht habe. Gemeinsame Urlaube, Familienfeiern, Ausflüge, Festtage wie Ostern oder Weihnachten. Und mir wird klar, dass ich viel Gutes von meinen Eltern mitbekommen habe und sie etwas *in mir* hinterlassen haben. Vielen Dank dafür!

Ich habe vieles von ihnen übernommen und durch ihr Vorbild gelernt. Nicht nur, dass ich beruflich ihrem Beispiel gefolgt und Gemeindepädagoge geworden bin – mein Vater ist Theologe und meine Mutter Pädagogin. Mein Organisationstalent und meinen strategischen Blick habe ich wohl von meinem Vater übernommen; meine Kreativität und meinen Blick für Außenstehende vermutlich von meiner Mutter. Beide waren mir zudem ein Vorbild im Glauben und haben mich von klein auf in meinem Glaubenswachstum begleitet.

Zwei Gedanken dazu, auf die wir hinausmöchten:

1. Haften bleiben vor allem die Zeiten, in denen Beziehungen als „Familie" gelebt wurden.
2. Vieles, was uns heute ausmacht, haben wir am Vorbild unserer Eltern gesehen und gelernt – vermutlich mehr, als uns bewusst ist.

Entscheidend sind die Beziehungen, die ein Kind in seiner „Familie" erlebt. Die Zeit mit seinen Eltern prägt es nachhaltiger als alle Bildung und sämtliche materiellen Privilegien. Auch die Beziehungslosigkeit zu einem unbekannten, überbeschäftigten oder scheinbar lieblosen Elternteil beeinflusst ein Kind ein Leben lang. Wer Glück hat, erfährt in seiner „Familie" einen Großteil der Wärme, Geborgenheit und Liebe, nach der er sich sehnt.

Wenn Eltern wissen, dass Kinder vor allem liebevolle

Beziehungen zu ihnen brauchen und sich gleichzeitig ihrer Rolle als Vorbild bewusst sind, haben sie, so glauben wir, den Fokus einer „Familie" erkannt. Dies schließt für uns ein, dass sie nicht nur Vorbilder im täglichen Leben und der Lebensführung sind, sondern auch Vorbilder im Glauben.

Wir sind überzeugt, dass die Begleitung im Glauben ebenso Aufgabe der „Familie" wie der Gemeinde ist!

Was würde passieren, wenn Eltern anfingen, die „Familie" so zu sehen, wie Gläubige die Gemeinde betrachten sollten – als von Gott erschaffen, um sich der Welt zu offenbaren? Die Tatsache, dass wir Menschen sind, hindert Gott nicht daran, mit uns zusammenzuarbeiten. Wir sind zwar fehlerhaft, doch zeigt sich Gott gerade in unserer Schwachheit. Sowohl die Gemeinde als auch die „Familie" bestehen aus schwierigen, unvollkommenen Menschen, durch die Gott seine Geschichte erzählen möchte.

Die Beziehungen in einer „Familie" sind Chance und Auftrag zugleich, sie zu nutzen, um den Blick auf die Beziehung aller Beziehungen zu wenden: unser Verhältnis zu Gott. Wenn dies gelingt, ist Gott schließlich nicht mehr bloß das Sahnehäubchen, das an Sonntagen und christlichen Festen das Leben garniert. Gott wird zum Mitglied der eigenen „Familie". Was wird in 100 Jahren wichtiger sein, als unsere Beziehung zu Gott? Es lohnt sich, dieser Frage einmal nachzuspüren!

Von Gelb-Fans und Rot-Gläubigen

Orange ordnet beiden Personengruppen, um die es bisher in diesem Kapitel ging, eine Farbe zu:

Die Farbe Gelb steht für die Gemeinde, weil sie dazu berufen ist, Licht zu sein.

Die Gemeinde als Licht für die Welt

Die Farbe Rot steht für die „Familie", weil es ihre Aufgabe ist, bedingungslos zu lieben.

Die Familie als Ort der Liebe und Geborgenheit

Viele von uns glauben, dass sich sowohl die Gemeinde als auch die „Familie" an einem Scheideweg befinden. Die Kirchen und Gemeinden verlieren an Bedeutung und in den „Familien" mangelt es zunehmend an Herzenswärme.

Manche halten die Gemeinde daher für ein Auslaufmodell. Dass die Kirche als organisierte Institution irgendeine bleibende Wirkung auf die nächste Generation haben könnte, scheint in ihren Augen eine Illusion zu sein. Andere glauben nicht mehr an das Modell „Familie": Immer mehr Ehen brechen auseinander und viele Eltern nehmen die Verantwortung für die Erziehung ihrer Kinder nicht wirklich wahr.

Daher scheint der Schluss logisch, dass es an der Zeit sei, die „Familie" durch ein effektiveres Modell abzulösen. Einige finden die Vorstellung verlockend, Gemeinde als Familienersatz zu betrachten. Andere wiederum wünschen sich Großfamilien als Gemeindeersatz. Das Ergebnis: Statt sich zu ergänzen, konkurrieren Gemeinde und „Familie" miteinander. Gelb-Fans versuchen, noch leuchtendere Gelb-Facetten zu kreieren. Zugleich wollen die Rot-Gläubigen noch intensivere Rot-Versionen schaffen.

Was aber, wenn die Lösung für die nächste Generation weder gelb noch rot lautet? Was, wenn die Antwort beides enthält? Wie wäre es, wenn Gemeinde und „Familie" ihre Kräfte bündelten und um der Kinder willen gemeinsam an einem Strang zögen? Was wäre, wenn Eltern und Gemeinden sich verbünden mit derselben Strategie und demselben Ziel?

Der Lösungsvorschlag lautet *Orange*: Stellen Sie sich einmal vor, was es für Auswirkungen auf das Leben von Kindern und Jugendlichen haben kann, wenn Gemeinde und „Familie" wirklich zusammenarbeiten.

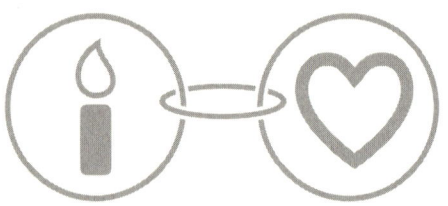

Zwei Einflüsse verbinden sich

Orange im Fokus

Um im Blick zu behalten, wie begrenzt die Zeit einer Gemeinde mit Kindern ist, schufen die *Orange*-Väter und -Mütter in den USA das 3000/40 Prinzip: Ein Jahr hat 8760 Stunden. Einer Gemeinde stehen durchschnittlich 40 Stunden pro Jahr mit den Kindern zur Verfügung. „Familien" dagegen haben im Durchschnitt 3000 Stunden an gemeinsamer Zeit. Was würde passieren, wenn Gemeinden das, was sie bisher an Zeit und Mitteln für diese 40 Stunden aufgewandt haben, auf 80 Prozent reduzierten? Und was geschähe, wenn sie die so gewonnenen 20 Prozent in Hilfestellungen für Eltern investierten, wie diese die Inhalte der Gemeindearbeit mit ihren Kindern vertiefen und Möglichkeiten finden können, den Glauben zu Hause zu leben? Damit kämen zum potenziellen Einfluss der Gemeinde von 40 Stunden noch bis zu 3000 Stunden der Eltern hinzu. Selbst wenn die Eltern lediglich eine Stunde pro Woche investierten, um das, was den Kindern in der Gemeinde begegnet, aufzugreifen und zu vertiefen, wäre der Einfluss auf die Kinder doppelt so hoch.

| Das Jahr hat 8760 Stunden | Eltern haben durchschnittlich 3000 Stunden pro Jahr, um ein Kind zu prägen | Eine Gemeinde hat durchschnittlich rund 40 Stunden, um ein Kind zu prägen |

Gemeinsam Kinder prägen

Viele Eltern wollen die religiöse Entwicklung ihrer Kinder unterstützen! Doch oft fehlen ihnen dazu nötige Hilfestellungen. Hier könnten Gemeinden zum Partner der Eltern werden und sie in der religiösen Erziehung ihrer Kinder unterstützen. Ebenso könnten Eltern zum Partner der Gemeinde werden und deren Themen und Inhalte zu Hause mit ihren Kindern vertiefen.

Was geschähe, wenn die Gemeinde an das Potenzial der Eltern glauben würde, Kinder zu prägen? Was geschähe, wenn Eltern an das Potenzial der Gemeinde glauben würden, um ihre Söhne und Töchter zu prägen? Und was wäre, wenn beide, Gemeinde und „Familie", an das Potenzial glauben würden, ihre Einflussmöglichkeiten miteinander zu kombinieren, um das gleiche Ziel zu erreichen? Niemand hat mehr Möglichkeiten, die Beziehung eines Kindes zu Gott zu prägen, als seine Eltern. Niemand hat mehr Möglichkeiten, Eltern zu prägen, als die Gemeinde.

Arbeiten Gemeinden und „Familien" partnerschaftlich zusammen, so ziehen sie gemeinsam an einem Strang, um Kinder und Jugendliche nachhaltig in ihrer persönlichen und religiösen Entwicklung zu prägen.

Das bedeutet: Auf beiden Seiten wird etwas in Gang gesetzt. Das heißt aber auch, nicht nur die Eltern sind gefordert, auch die Gemeinde muss ihr Konzept überdenken und gegebenenfalls neu an die Bedürfnisse der „Familien" anpassen.

Auch auf die Gefahr hin, dass wir uns wiederholen: Der Einfluss einer Gemeinde, Kinder zu prägen, steigt erheblich, wenn sie mit den Eltern eine Partnerschaft eingeht. Und das Potenzial der Eltern, ihre Kinder zu prägen, steigt ebenso, wenn sie das partnerschaftlich mit der Gemeinde tun.

Wenn Sie wirklich glauben, dass die Kombination zweier Einflüsse mehr bewirken kann als zwei Einflüsse allein, dann ist vielleicht jetzt der Zeitpunkt gekommen, den Wandel zu wagen.

Wir sind überzeugt: Wenn Sie eine Herzenshaltung entwickeln, die das Potenzial von Eltern und Gemeinden sieht, beginnen Sie, *orange* zu denken, und werden mit der passenden Strategie nach und nach „Familien" ebenso verändern, wie Sie Ihre Gemeinde verändern werden!

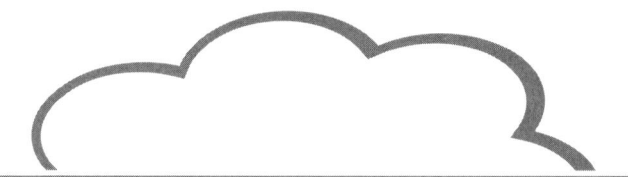

*„Das Geheimnis auch der großen und
umwälzenden Aktionen besteht darin,
den kleinen Schritt herauszufinden,
der zugleich auch ein strategischer Schritt ist,
indem er weitere Schritte einer besseren
Wirklichkeit nach sich zieht."*

Gustav Heinemann

Exkurs: Eine Strategie ist wichtiger als Lehrpläne*

Wenn wir einen Lehrplan umsetzen, vermitteln wir Informationen. Wenn wir beim Unterrichten aber eine Strategie verfolgen, haben wir ein Ziel vor Augen. In jeder Altersphase eines Kindes und Jugendlichen gibt es bestimmte Dinge – Kernbegriffe, Prinzipien und Erfahrungen –, die es lernen muss, um in seiner Beziehung zu Jesus Christus zu wachsen. Eine umfassende Strategie begünstigt ein Gesamtkonzept für unsere Kinder- und Jugendarbeit, das uns hilft, das Lernziel für jedes Kind im Auge zu behalten.

* Aus: Lebe Orange!, S. 274.

Ein Lehrplan rüstet Leiter aus;
eine Strategie fördert Leiter.

Eine Strategie hilft den Leitern in der Kinder- und Jugendarbeit dabei, sich auf die wesentlichen Dinge zu konzentrieren. Dazu gehört: Die Ausbildung ihrer Mitarbeiter,
der Kontakt mit den Eltern, der Kontakt mit den Kindern
und Jugendlichen. Auf diese Weise investieren sie ihre Zeit
und Energie in die Förderung der Menschen aus ihrem Bereich und wachsen selbst in ihrer Rolle als Leiter.

Ein Lehrplan gibt einem Treffen
eine inhaltliche Richtung;
bei einer Strategie steht Gemeinschaft
im Mittelpunkt.

Die Rolle einer Kleingruppe erhält mehr Gewicht, wenn
wir für jedes Alter bestimmte Strategien verwenden. Beispielsweise sollte jeder Teenager Kontakt zu einem vertrauenswürdigen Erwachsenen haben, der dasselbe weitergibt
wie seine Eltern. Wir glauben, dass Kinder bestimmte
Wahrheiten am ehesten im Rahmen einer Kleingruppe an-
nehmen, denn dort erleben sie Beziehungen. Dort können
sie unbefangen Fragen stellen und Wahrheiten verinner-
lichen.

Ein Lehrplan ersetzt Eltern;
eine Strategie bezieht sie ein.

Eine Strategie richtet Eltern und Gemeinde auf ein gemeinsames Ziel aus. Sosehr wir auch versuchen, die nächste Generation durch unsere Arbeit positiv zu prägen, Fakt ist: Das Zuhause spielt eine große Rolle für die Glaubensentwicklung eines Kindes. Nicht allein aufgrund der Zeit, die es dort verbringt, sondern wegen der Bedeutung der Eltern-Kind-Beziehung. Deshalb ist es so wichtig, gezielt zu planen, wie wir mit Eltern zusammenarbeiten und diese Beziehung in unsere Strategie einbinden können.

Ein Lehrplan vermittelt Informationen;
eine Strategie motiviert Kinder und Jugendliche,
das Gelernte aktiv umzusetzen.

Wir glauben, dass es wichtig ist, Kindern und Jugendlichen die Wahrheiten nicht nur vorzutragen, sondern sie selbst Erfahrungen sammeln zu lassen. Das ist aus unserer Sicht ein Schlüsselfaktor dafür, dass der Glaube wirklich in ihnen Wurzeln schlagen kann. Deshalb sollten Jugendliche ab einem bestimmten Alter in der Gemeinde mitarbeiten dürfen. Geben wir ihnen doch lieber jetzt die Gelegenheit, Teil der Ortsgemeinde zu werden, anstatt so lange zu warten, bis sie vielleicht irgendwann von sich aus mitmachen wollen, ohne zuvor Erfahrungen gesammelt zu haben. Aktive Mitarbeit ist ein Schlüssel zu geistlichem Wachstum.

*„Christus, da er den Menschen erziehen wollte,
musste Mensch werden.
Sollen wir Kinder erziehen, so müssen wir
auch Kinder mit ihnen werden."*

Martin Luther

Kinder und Jugendliche in der Gemeinde und der Gesellschaft

Die folgenden Schlaglichter zeigen einige Entwicklungen, die bei einer Kinder- und Jugendarbeit in *orange* berücksichtigt werden sollten. Wir wollen damit nicht ausdrücken, dass früher alles besser war – was schlichtweg nicht stimmt. Sondern es ist nötig und wichtig, die Lebenswelt, Kultur und gesellschaftlichen Entwicklungen in unserem Kontext genau wahrzunehmen, wenn wir Kinder und Jugendliche wirklich erreichen und ihnen gerecht werden wollen.

Neue Familienbilder

Das traditionelle Familienbild in Deutschland, in dem der Ehemann und Vater in der Regel außer Haus Geld verdient und die Ehefrau und Mutter zu Hause arbeitet und die Kinder erzieht, ist mittlerweile abgelöst. Das belegt etwa die 2. Kinderstudie vom Kinderhilfswerk World Vision Deutschland*: Seit 2010 lebt die Mehrheit der Kinder in Deutschland erstmals mit Müttern und Vätern oder auch nur einem Elternteil zusammen, die einer Berufstätigkeit nachgehen. Die Untersuchung verdeutlicht gleichzeitig, dass sowohl die Eltern als auch die Kinder mit dieser Situation zufrieden sind.

Diese neue Familiensituation erfordert im Alltag allerdings viel Aufwand und Organisationsgeschick, damit Kinder zuverlässig und sicher betreut werden, während die Eltern arbeiten gehen. Gerade dann, wenn Krankheiten oder unplanbare Ereignisse eintreten, ist das nicht immer einfach. Deshalb ist es für Familien besonders wichtig, die Zeit, die sie gemeinsam haben, möglichst bewusst zu erleben und zu gestalten.

Auseinanderbrechen von Familien

Mittlerweile werden 39 Prozent der Ehen in Deutschland geschieden – Tendenz steigend. Die Patchworkfamilie, die noch vor rund 20 Jahren als Ausnahme galt, ist mittlerweile Normalität. Schon bald dürfte diese Familienform ebenso häufig sein wie die traditionelle Form von Familie.

---

* www.worldvision-institut.de/downloads/allgemein/Kinderstudie2010
_Zusammenfassung.pdf

Leider zeigen Statistiken, dass die Hälfte aller Patchworkfamilien wieder in die Brüche geht. Scheidungskinder lassen sich als Erwachsene beinahe doppelt so häufig scheiden wie Nicht-Scheidungskinder. Das bedeutet nicht, dass Menschen, deren Liebe zueinander erloschen ist, der Kinder zuliebe zusammen bleiben sollten. Es heißt auch nicht, dass man sein Glück nicht in einer Patchworkfamilie finden kann. Aber eine Scheidung ist ganz bestimmt keine harmlose Durchgangsstation zu neuem Glück. Es kann nicht oft genug betont werden, dass ein Trennungsprozess mit Sicherheit mehr Leiden bringt und erheblich mehr Bewältigung erfordert, als die meisten ahnen. Verschiedene Untersuchungen zeigen, dass es keine „guten" Scheidungen gibt. Scheidungskinder prägt die Erfahrung des Verlassenwerdens oft ein Leben lang.

Nicht selten zwingt die neue Familiensituation Kinder dazu, ihre Gefühle und Wünsche permanent einem straffen Zeitplan zu unterwerfen. Wer einen Elternteil nur jedes zweite Wochenende sieht, der kann nicht spontan mit ihm ins Schwimmbad gehen und sich abends von ihm eine Gutenachtgeschichte vorlesen lassen. Er muss warten und sich vertrösten lassen.

Einfluss der Medien auf Kinder und Jugendliche

Durch zahlreiche technische Entwicklungen erlebten wir in den letzten Jahren eine regelrechte „Medienrevolution", wodurch sich auch das Freizeitverhalten von Kindern und

Jugendlichen grundlegend geändert hat. Doch statt einseitig auf die Gefahren der neuen Medien hinzuweisen, wollen wir auch ihre Chancen und Möglichkeiten betrachten. Alle Untersuchungen zum Medienkonsum von Heranwachsenden sind sich einig: Abhängig von Inhalt und Nutzungsdauer bergen Internet, Mobilfunk und Fernsehen nicht nur Gefahren, sondern auch positive Potenziale. So ist in unterschiedlichen Studien nachgewiesen worden, dass gezielter Medienkonsum das Faktenwissen von Kindern und Jugendlichen deutlich erhöht. Außerdem können bestimmte Sendungen Normen und Werte vermitteln.

Der Vielfalt an Kommunikationsmedien und allem, was der Verständigung unter Menschen dient, sollten besonders Christen positiv gegenüber stehen. Gerade weil die Medien eine so große Wirkung auf Kinder und Jugendliche haben, müssen sie lernen, richtig mit ihnen umzugehen. Dabei ist das Urteilsvermögen des Einzelnen immer gefordert. Doch gerade in Zeiten von Facebook, Twitter und Co. können Medien das Miteinander und das Gespräch erleichtern, fördern und anregen.

Aber natürlich gibt es auch kritische Erkenntnisse: Heranwachsende verbringen immer mehr Zeit mit Chatten und Surfen im Internet, mit dem Spielen von Computerspielen und dem Schauen von Fernsehsendungen. Statistiken belegen, dass Jugendliche heutzutage fast zwei Stunden (durchschnittlich 113 Minuten) täglich vor der Flimmerkiste verbringen. Hinzu kommen durchschnittlich 134 Minuten pro Tag, die fürs Surfen, Spielen und Chatten im

World Wide Web draufgehen. Damit verbringen Jugendliche mehr als vier Stunden täglich vor dem Bildschirm.

Die Unterhaltungselektronik erfreut sich aber nicht nur bei älteren Jugendlichen wachsender Beliebtheit, sondern befindet sich mittlerweile auch in Kinderzimmern auf dem Vormarsch. Bereits in 39 Prozent der Kinderzimmer flimmert ein Fernseher (beinahe ein Drittel aller Kinder haben schon bei der Einschulung einen eigenen Apparat im Zimmer stehen). Gut die Hälfte der Kinder besitzt eine Spielkonsole, 41 Prozent haben ein Handy, 37 Prozent einen eigenen Computer und 20 Prozent einen Laptop und ein Smartphone. Kinder zwischen 3 und 13 Jahren schauen täglich durchschnittlich 101 Minuten Fernsehen.

Elektronische Medien sind also aus dem Alltag von Kindern und Jugendlichen nicht mehr wegzudenken. Der Umgang mit ihnen ist auch nötig und wichtig, aber ein überhöhter Medienkonsum ist der geistigen und körperlichen Entwicklung abträglich. Fernsehen im Alter bis drei Jahren erhöht beispielsweise das Risiko für Aufmerksamkeitsprobleme wie beispielsweise ADHS. Wenn ein Fernseher im Kinderzimmer steht, erhöht sich das Risiko für eine Sprachentwicklungsverzögerung bei Vorschulkindern um bis zu 45 Prozent. Insgesamt haben verschiedene Untersuchungen der letzten Jahre bewiesen: Je länger Kinder und Jugendliche – wobei mehr Jungen als Mädchen betroffen sind – vor Fernseher oder Computer sitzen, desto schlechter werden ihre Schulleistungen.

Beeinträchtigungen der geistigen Entwicklung sowie der Psyche sind aber nicht die einzigen negativen Folgen:

Übermäßiger Fernseh- und Computergebrauch schadet auch dem körperlichen Wohlbefinden. Wer viel fernsieht, bewegt sich automatisch weniger und wird leichter übergewichtig. Darüber hinaus werden in Kinderprogrammen hauptsächlich Lebensmittel beworben, die nicht gerade zu einer ausgewogenen Ernährung beitragen, etwa Süßigkeiten, Softdrinks, Fast Food und fettige Zwischenmahlzeiten.

Kinder und Jugendliche sind von Armut betroffen

Trotz vieler guter politischer Entscheidungen zur Unterstützung von Familien sind Erwachsene mit Kindern in Deutschland nach wie vor finanziell schlechter gestellt als kinderlose Erwachsene. Besonders gilt dies für alleinerziehende Eltern, bei denen rund 20 Prozent aller Kinder aufwachsen. Statistisch ist in Deutschland jeder vierte Minderjährige von Kinderarmut bedroht und jedes siebte Kind lebt von Hartz IV, also rund 2,4 Millionen Kinder.

Geldknappheit führt nicht nur dazu, dass sich weniger geleistet werden kann und die Versorgung mit kindgerechter Nahrung und Kleidung sowie anderen elementaren Dingen nicht gewährleistet ist. Zum fröhlichen Aufwachsen von Kindern gehört ein ausgeglichenes Elternhaus, in dem Kinder Wärme, Geborgenheit und Zuversicht erfahren. All das können Familien mit materiellen Nöten verständlicherweise oft nur schwer bieten, denn die Sorge über die aktuelle finanzielle Situation kann alles andere nebensächlich erscheinen lassen. So schneiden Kinder aus armen Elternhäusern oftmals schlechter in der Schule ab. Nicht weil sie weniger intelligent wären als Gleichaltrige, sondern weil Kinder auch Betreuung außerhalb der Schule brauchen. Dies kommt aber in armen Familien durch den Kampf ums finanzielle Überleben oftmals zu kurz.

Hinzu kommt, dass die Kinder unter sozialem Druck stehen, da sie sich viele Aktivitäten und Freizeitangebote einfach nicht leisten könnten. Aus Scham lassen sich Schüler beispielsweise krankschreiben, um nicht mit auf eine Klassenfahrt zu müssen, die sich die Familie nicht leisten kann. Kinder armer Familien werden manchmal nicht zu Kindergeburtstagen eingeladen, weil ihre Geschenke nicht dem üblichen Standard entsprechen, oder sie sagen von sich aus Einladungen ab, weil sie keine adäquaten Geschenke mitbringen können. Das sollte auch bei der Gemeindearbeit mit Kindern, Jugendlichen und Familien berücksichtigt werden und eine Teilnahme an einer Gruppe, einem Ausflug oder Ähnlichem nicht vom Einkommen der Eltern abhängig sein.

Folgen für *Orange*

Diese Fakten haben einen großen Einfluss auf die gemeindliche Arbeit mit Kindern und Jugendlichen. Daher sollten nachfolgende Schlussfolgerungen und Ziele bei der *orangen* Arbeit mit Kindern und Jugendlichen berücksichtigt werden:

- Kinder und Jugendliche brauchen stabile Beziehungen.
- Kinder und Jugendliche brauchen verlässliche Ansprechpartner.
- Kinder und Jugendliche brauchen Zukunftsperspektiven.
- Kinder und Jugendliche brauchen spannende Erlebnisse.
- Kinder und Jugendliche brauchen Freiräume.
- Kinder und Jugendliche brauchen Unterstützung.
- Kinder und Jugendliche brauchen Glaube, Hoffnung, Liebe.

Diese Ziele für Kinder und Jugendliche erreicht man am ehesten, indem man den Schwerpunkt der *orangen* Kinder- und Jugendarbeit nicht allein auf die Programme und Inhalte setzt, sondern der kontinuierlichen Beziehungsarbeit die höchste Priorität einräumt. Denn „um ein Kind großzuziehen, braucht man ein ganzes Dorf!", so ein bekanntes afrikanisches Sprichwort. Kinder und Jugendliche brauchen nicht nur ihre eigenen Eltern, sondern – das ist ein ganz wesentliches Grundprinzip von *Orange* – darüber hinaus andere erwachsene Ansprechpartner. Gemeinden können Eltern in diesem Punkt partnerschaftliche Unterstützung in Form von Kleingruppenleitern anbieten.

Ein guter Kleingruppenleiter, der Ansprechpartner für ein Kind oder einen Jugendlichen ist und gleichzeitig einen guten Kontakt zu dessen Eltern hat, weiß um die Situation in den Familien und kann oben genannte Dinge in seiner Arbeit berücksichtigen. Er pflegt eine stabile, verlässliche, dauerhafte und von gegenseitigem Respekt getragene Beziehung zu seinen Schützlingen. Er kennt ihre Sehnsüchte,

Wünsche und Familiensituation. Ihm ist klar, dass er pünktlich und zuverlässig sein muss, dass er seine Versprechen einhält. Er weiß, warum ein Kind an diesem Sonntag nicht in der Kleingruppe ist (weil es dieses Wochenende nämlich beim Papa 600 Kilometer entfernt verbringt) oder weshalb ein Kind angeblich keine Lust auf den bevorstehenden Ausflug hat (nämlich aus Geldmangel, weshalb er eine andere Finanzierung für das Kind organisiert). Er unterstützt die Eltern, wo er kann, und tauscht sich regelmäßig mit ihnen aus. Sein Verhalten spiegelt Gottes Liebe für die Menschen und die Welt wider.

Das klingt nach einer gewaltigen Aufgabe und sie verlangt in der Tat viel Engagement, Zeit und Herzblut, aber sie lohnt sich. Deshalb sind gute Kleingruppenleiter ein Grundprinzip von *Orange*.*

Stellen Sie sich doch einfach mal die Frage, wer Ihr Ansprechpartner war, als Sie ein Teenager waren und die Pubertät Sie in ihren Klauen hatte? Sehr wahrscheinlich haben Sie nicht mit Ihren eigenen Eltern über Ihren neuesten Schwarm, Ihre Clique, Ihre Probleme und Ihr erstes Mal gesprochen.

Es hilft, einen erfahrenen und vertrauenswürdigen Erwachsenen zu haben, der einen in der turbulenten Zeit der Pubertät begleitet und ein Auge auf einen hat. Gott sei Dank hatte ich, Karsten, einen solchen Kleingruppenleiter (an dieser Stelle ein großes Dankeschön an dich, Man-

* Siehe auch Grundprinzip 4: Die Gemeinde wirksam werden lassen, S. 79.

fred, für die tolle Zeit im H.O.T. und darüber hinaus!), der die Werte und Ansichten meiner Eltern vertrat, ohne dass ich das damals bemerkte. Hatte ich Probleme, Fragen, war verwirrt und wusste nicht mehr weiter, konnte ich zu ihm kommen, und er hörte mir zu, gab mir Tipps und half mir, in der Spur zu bleiben. Ihm vertraute ich, er konnte mir Dinge sage, die ich weder von meinen Eltern noch von einem anderen ach so vernünftigen Erwachsenen angenommen hätte. Warum? Weil wir eine jahrelange, intensive und auf Vertrauen gewachsene Beziehung hatten, die auch in der turbulentesten Zeit meines Lebens trug.

Haben die Teenager in Ihrer Gemeinde, haben Ihre eigenen Kinder einen solchen erwachsenen Ansprechpartner, über den Sie sich freuen, weil Sie wissen, dass Sie ihm vertrauen können?

Orange bedeutet, dass Pastoren und Mitarbeiter Eltern unterstützen, indem sie ihren Kindern diese Art von Beziehung zwischen Erwachsenen und Jugendlichen ermöglichen. Es geht darum, als Gemeinde eine echte Partnerschaft mit Eltern zu entwickeln, damit Kinder und Jugendliche in kritischen Phasen wissen, an wen sie sich neben den Eltern wenden können. Das kann Leben verändern und hilft Jugendlichen, die schwere Zeit der Pubertät gut zu bestehen.

Damit Sie uns nicht falsch verstehen: *Orange* Kinder- und Jugendarbeit steht und fällt mit den Kleingruppenleitern und ihren Beziehungen zu den Kindern und Jugendlichen, aber selbstverständlich müssen auch die Räume, die Musik, die Sprache und die Programme der

Lebenswelt von Kindern und Jugendlichen entsprechen. Nach dem Motto von Andy Stanley: „Entweder man versucht, die Bibel Kindern nahezubringen, oder man bringt Kindern die Bibel nahe." Die beiden Sätze klingen zwar gleich, unterscheiden sich aber enorm in ihrer Bedeutung. Hinter dem ersten Satz steckt der Gedanke, dass es darum geht, die ganze Bibel ungefiltert zu vermitteln. Dagegen steht im zweiten Satz das Kind im Mittelpunkt. Die biblischen Prinzipien werden auf den Entwicklungsstand des Kindes zugeschnitten. Wenn es uns hauptsächlich darum geht, die Bibel zu vermitteln, führt das bei Kindern fast immer zu Verwirrung oder sogar Ablehnung. Wenn wir aber den Kindern die Bibel nahebringen, geht es uns darum, ihr Herz anzusprechen, indem wir die am besten geeigneten Bibelstellen auswählen.

Orange Chancen durch die Taufe und die Konfirmation in der Landeskirche

Unterhalten sich zwei Pfarrer: „Ich hab Fledermäuse in der Kirche, die sind eine furchtbare Plage, und weil sie geschützt sind, darf ich sie nicht mal vertreiben!"

„Kenne ich. Das Problem hatte ich auch mal. Nun sind aber alle weg – Problem gelöst!"

„Echt!? Und wie bist du sie losgeworden?"

„Ganz einfach. Zuerst habe ich sie getauft, dann habe ich sie konfirmiert und danach haben sie sich nie wieder in der Kirche blicken lassen."

Die Taufe in der evangelischen Kirche erfährt seit Jahrzehnten eine sehr hohe Akzeptanz und Wertschätzung. Rund 95 Prozent der Kirchenmitglieder sagen, dass sie sich für eine Taufe ihres Kindes entscheiden würden. Und tatsächlich werden über 90 Prozent der Kinder verheirateter evangelischer Eltern und über 80 Prozent (!) der Kinder verheirateter, evangelischer, nicht christlicher Eltern getauft. Taufe ist ein wesentlicher Bestandteil in der Biografie von Kirchenmitgliedern und ein großes und besonderes Familienfest.

Eine ähnlich große Bedeutung hat die Konfirmation innerhalb der evangelischen Kirchen. Trotz vielfältiger außerschulischer Angebote und steigendem Schul- und Freizeitstress nehmen über 95 Prozent der evangelischen Jugendlichen am Konfirmandenunterricht teil. Sie kommen ein bis drei Jahre lang regelmäßig in die Gemeinde, erleben Gottesdienste, erfahren und lernen viel über den Sinn des Lebens, über Gott und den Glauben. Und mehr als drei Viertel aller Eltern von Konfirmanden sagen, dass die Konfirmation für sie eines der wichtigsten Feste ihres Kindes sei.

Die Landeskirche hat durch Taufe und Konfirmation eine riesengroße Chance, mit Kindern, Jugendlichen, Eltern und Familien ins Gespräch zu kommen und ihnen Gott und Glaube nahezubringen. Die entscheidende Frage ist: Nutzen die Gemeinden diese großartige Gelegenheit?

Wir sind überzeugt: Die durch die Taufe von Kindern und durch die Einsegnung bei der Konfirmation übertragene Verantwortung für diese Kinder und Jugendlichen muss genutzt werden. Gemeinden sollten Kinder, die bei ihnen getauft werden, so kontinuierlich wie möglich durch ihre Kindheit und Jugend begleiten. Ein gutes Ziel wäre, kein Kind, das getauft wird, aus den Augen zu verlieren. Dazu hilft es, wenn sich Gemeinden kinder- und familienfreundlich präsentieren und vielfältige Angebote für Heranwachsende und deren Eltern anbieten. Umso wichtiger ist dies, da Untersuchungen zeigen, dass ein Interesse an Gott und Glauben vor allem in den ersten fünf, sechs Lebensjahren gelegt wird. Hier sollten die Gemeinden präsent sein und die Eltern in der christlichen Erziehung unterstützen.

Orange setzt genau hier an.

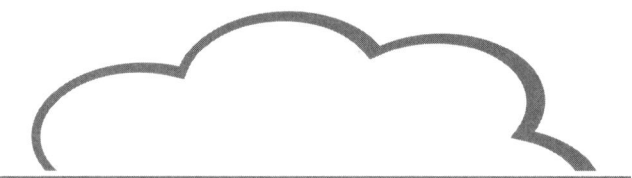

*„Es gibt nichts Praktischeres
als eine gute Theorie."*

Immanuel Kant

Grundprinzipien
der *Orange*-Strategie

Ob Sie es schaffen, Gemeinde und Familie zu vernetzen, hängt unmittelbar damit zusammen, wie in Ihrer Gemeinde …

- die Mitarbeiter miteinander kommunizieren und zusammenarbeiten.
- die christliche Botschaft aufbereitet und präsentiert wird.
- die Eltern in die Kinder- und Jugendarbeit einbezogen werden.
- die Mitarbeiter zu persönlichen Wegbegleitern der Kinder und Jugendlichen werden.
- die Kinder und Jugendlichen zum Mitarbeiten motiviert werden.

Diese Punkte bilden das Grundgerüst für eine *orange* Gemeinde, in der die Potenziale von Familie und Gemeinde miteinander kombiniert werden. Dahinter steht eine

Strategie, die helfen soll, das Ziel nicht aus den Augen zu verlieren. Eine Strategie, die bewirken soll, dass die Gemeinde nicht mehr nur gelb und die Familie nicht mehr nur rot, sondern beide gemeinsam *orange* denken und leben.

Vielleicht sehen Sie für Ihre Gemeinde momentan eine andere Strategie als angemessen an oder Sie sind in einzelnen Punkten anderer Meinung. Dann lesen Sie zunächst die nächsten Sätze und entscheiden dann:

Orange bedeutet nicht, ein vorhandenes Konzept zu übernehmen! Vielmehr steht dahinter ein Paradigmenwechsel, der Gemeinden und Familien helfen soll, Kinder und Jugendliche gemeinsam bestmöglich in ihrer religiösen Entwicklung zu begleiten. Jede Gemeinde ist anders, genauso wie jede Familie anders ist. Und so kann auch der Weg, den Sie beschreiten, um als Gemeinde partnerschaftlich mit Familien zusammenzuarbeiten, anders sein. Dennoch sollten Sie immer genau bedenken, wohin Sie wollen, und dabei möglichst strategisch vorgehen, damit Sie Ihrem Ziel auch wirklich näher kommen.

Folgende 5 Grundprinzipien haben sich dazu in vielen Gemeinden in den USA und darüber hinaus bewährt:

Grundprinzip 1:
Eine ganzheitliche Strategie entwickeln
Leiter und Eltern haben dasselbe Ziel.

Die Aufgabe einer Gemeinde ist es, Familien in eine bestimmte Richtung zu führen. Es ist daher klug, wenn Sie sich vorher überlegen, wohin Sie sie eigentlich führen wollen. Die Rolle der Gemeindeleiter und Pastoren gleicht dabei Bauarbeitern, die orangefarbene Hütchen verteilen, um den Verkehr zu regeln. Ob es Ihnen gefällt oder nicht: Schon ein oder zwei falsch platzierte Leitkegel können Verwirrung stiften und Unfälle verursachen. Deshalb müssen Sie dafür sorgen, dass alle aus Ihrem Team in dieselbe Richtung weisen. Wenn einzelne Mitarbeiter eigenmächtig Leitkegel auf der Fahrbahn verteilen und Menschen in unterschiedliche Richtungen lenken, ist Chaos vorprogrammiert. Um Kollisionen zu vermeiden, müssen alle Verantwortlichen an einem Strang ziehen. Sie brauchen eine ganzheitliche Strategie.

Ohne eine ganzheitliche Strategie ...

- wissen Eltern nicht, wie sie mit der Gemeinde zusammenarbeiten können.
- bleibt die Wirkung der einzelnen Angebote begrenzt.
- gibt es keinen regelmäßigen Austausch zur Bewertung und Verbesserung der Angebote.
- geben ehrenamtliche Mitarbeiter frustriert auf.
- kreisen Pastoren und führende Mitarbeiter um sich selbst.
- kommt es zu ziellosem Aktionismus und Konkurrenz.

Einer der wichtigsten Punkte, die man als Team zu klären hat, ist die Frage, wohin wir die Menschen eigentlich führen wollen. Was ist unser Ziel für sie? Wohin sollen sich die Kinder und Jugendlichen, die unsere Programme durchlaufen, entwickeln? Schauen Sie einmal zurück und betrachten alles im Hinblick auf dieses eine Ziel. Wie wäre es, wenn alle Arbeitsbereiche und Familien in Ihrer Gemeinde mit diesem Ziel übereinstimmten? Was würde sich dadurch verändern?

Das Problem vieler Gemeinden ist nicht, dass es an Angeboten für Familien mangelt, sondern dass eine gemeinsame und ganzheitliche Strategie bei der Programmplanung fehlt. Sie brauchen deshalb Menschen in Ihrer Gemeinde, die darauf achten, dass das Ziel nicht aus dem Blick gerät. Dies kann zum Beispiel ein Team sein, das gezielt auf eine Partnerschaft mit den Eltern hinarbeitet.

Natürlich können Pastoren und andere verantwortliche Mitarbeiter für sich in Anspruch nehmen, dass sie bereits mit Familien zusammenarbeiten. Letztendlich geht es aber um die Frage: Wer sorgt dafür, dass eine Partnerschaft entsteht? Wer hat die entsprechende Strategie? Wer ist am ehesten dafür geeignet, die Detailarbeit zu übernehmen?

Es ist nicht leicht, eine ganzheitliche Strategie zu entwickeln. Man muss sich ernsthaft darum bemühen, die leitenden Mitarbeiter auf ein gemeinsames Ziel auszurichten. Sie müssen viel Energie in die Schulung von Mitarbeitern und Eltern investieren, damit sie wirklich zu Partnern in der Familienarbeit werden. Aber wir versichern Ihnen: Es lohnt sich!

Grundprinzip 2: Die Botschaft zuspitzen
Kernwahrheiten werden spannend, relevant und einprägsam gestaltet.

Pastoren tragen eine große Verantwortung dafür, wie sie mit Informationen umgehen. Häufig verbringen sie viel Zeit mit Diskussionen, ob das, was sie sagen, richtig oder falsch ist. Dabei wäre es oft viel wichtiger, darüber nachzudenken, *wie* sie etwas wirklich Relevantes mitteilen können.

Eltern verstehen dieses Prinzip instinktiv. Denken Sie nur mal an den Teelöffel Zucker, mit dem sich Medizin viel leichter schlucken lässt. Eltern wissen, was sie tun müssen, um ihre Kinder zu erreichen. Trotzdem herrscht bei ihnen manchmal Unsicherheit darüber, wie sie ihnen biblische Inhalte vermitteln sollen.

Wenn Sie in Ihrer Gemeinde die Einflüsse der Gemeinde und der Familie kombinieren möchten, dann sollten Sie sich mit den Eltern darüber verständigen, was Sie vermitteln sollen. Wie wäre es, wenn es Ihnen gelänge, die Botschaft so zuzuspitzen, dass Gemeinde und Familien darin übereinstimmen, was wirklich wichtig ist?

Stellen Sie sich vor, Sie könnten erreichen, dass Eltern und Pastoren oder Gemeindemitarbeiter mit Kindern kommunizieren und ihnen dabei auf anschauliche Weise dieselben Inhalte vermitteln. Ein Schritt in diese Richtung besteht im Zuspitzen der Botschaft. Wir wollen sie deshalb zuspitzen, weil wir glauben, dass sowohl die Gemeinde als auch die Familie Verantwortung für die Weitergabe der lebensverändernden Prinzipien der Bibel tragen. Die Art, wie wir diese vermitteln, und ob wir darin übereinstimmen, hat Einfluss darauf, wie sie sich in den Herzen der Kinder und Jugendlichen verankern.

Sie können das, was Sie vermitteln wollen, auf den Kern zuspitzen, indem Sie ...

- weniger sagen und die Botschaft damit vereinfachen.
- nur das sagen, was Ihnen wirklich wichtig erscheint.
- es so deutlich wie möglich ausdrücken.

- manches nicht sagen und Erfahrungen schaffen, die die Botschaft erlebbar machen.
- es in einem Umfeld sagen, das die Botschaft unterstreicht.

Weil es so wichtig ist, dass Kinder und Jugendliche die christliche Botschaft so hören, dass sie für sie in ihrem Alltag relevant werden kann, empfiehlt *Orange,* für verschiedene Altersgruppen unterschiedliche Schwerpunkte zu setzen.

Für Vorschulkinder steht der Satz „Das Staunen wecken" im Zentrum. Den Kindern soll geholfen werden, Gott als den kennenzulernen, der größer ist als die eigene Vorstellungskraft.

Dazu sollen die Kinder im Laufe der Zeit drei Botschaften für sich mitnehmen:

- Gott hat mich geschaffen.
- Gott liebt mich.
- Jesus möchte für immer mein Freund sein.

Bei den Schulkindern heißt das Motto: „Das Entdecken fördern." Sie sollen vor allem darin begleitet werden, in ihrer Beziehung zu Jesus zu wachsen.

Drei Kernbotschaften sollen dies unterstützen:

- Ich muss klug handeln.
- Ich kann Gott immer vertrauen.
- Ich sollte andere so behandeln, wie ich selbst behandelt werden will.

Die Arbeit mit Jugendlichen ist geprägt von dem Satz: „Die Leidenschaft entfachen". Ihnen wird Gelegenheit gegeben, Gemeinde zu sein, sich einzubringen und andere zu prägen.

Neben diesem praktischen Ansatz stehen die Botschaften:

- Ich bin geschaffen, um eine lebendige Beziehung mit meinem Schöpfer einzugehen.
- Ich gehöre zu Jesus Christus und es zählt, was er über mich sagt.
- Ich bin geschaffen, einer zerbrochenen Welt Tag für Tag Gottes Liebe zu zeigen.

Dabei bauen die Botschaften für die verschiedenen Altersgruppen aufeinander auf und sollen sich im Laufe der Zeit genauso weiterentwickeln, wie die Kinder und Jugendlichen dies tun:

1. Aus dem *Staunen* eines Vorschulkindes darüber, dass es von Gott gewollt und geschaffen wurde, erwächst im Schulalter die Verantwortung für die Schöpfung. Dazu sollen Jugendliche sich des Sinns bewusst werden, warum sie geschaffen wurden.
2. Auf den Satz „Gott liebt mich", den ein Kind aus der Vorschulzeit mitnimmt, folgt die *Entdeckung* eines Schulkindes, dass es Gott in allem vertrauen kann. Jugendliche schließlich lernen, aus dieser Liebe Gottes ihren Selbstwert zu beziehen.

3. Vorschulkinder lernen Jesus als ihren Freund kennen. Im Schulalter lernen Kinder, dass auch andere „Freunde Jesu" sind und sie dementsprechend mit ihnen umgehen sollten. Jugendliche sollen eine *Leidenschaft* dafür entwickeln, anderen die Liebe Gottes zu zeigen.

Grundprinzip 3: Die Familie mobilisieren
Eltern beteiligen sich aktiv
an der geistlichen Erziehung ihrer Kinder.

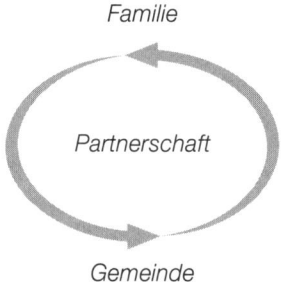

Familie

Partnerschaft

Gemeinde

Die Art, wie Gemeindemitarbeiter Eltern begegnen, entscheidet darüber, wie bereitwillig Familien an der geistlichen Erziehung ihrer Kinder mitwirken.

Sie sollten sich bewusst machen, ob Sie wirklich an das Potenzial von Eltern glauben. Ihre Haltung gegenüber Eltern bestimmt auch Ihre Beziehung zur Familie insgesamt. Und sie beeinflusst die Art, wie Sie auf Eltern eingehen. Das ist der ultimative Test, ob Sie *orange* denken. Sie können den Gedanken einer Partnerschaft von Gemeinde und Familie nicht befürworten, ohne bereit zu sein, Ihre Programme familienfreundlicher zu gestalten. Wenn Sie wirklich eine Partnerschaft mit der Familie ins Auge fassen, dann sollten Sie in das Potenzial von jedem einzelnen Elternteil investieren.

Die Idee, Eltern in eine ganzheitliche Strategie der Gemeinde einzubeziehen, basiert auf der Überzeugung, dass die Familie für die geistliche Erziehung der Kinder genauso wichtig ist wie die Gemeinde. Wenn Sie versuchen, Eltern für die Zusammenarbeit zu gewinnen, sollten Sie keine unrealistischen Erwartungen haben. Begegnen Sie ihnen auf der Ebene, auf der sie sich gerade befinden. Helfen Sie ihnen, den für sie nächstmöglichen Schritt zu gehen, so klein er auch sein mag. Die meisten Eltern können nicht alles auf einmal, aber immer ein bisschen mehr umsetzen. Dieses „bisschen" kann allerdings einen enormen Unterschied im Leben einer Familie und im geistlichen Wachstum eines Kindes ausmachen.

Wir behaupten, dass die meisten Eltern den Wunsch haben, die Verantwortung für die religiöse Erziehung ihrer Kinder wahrzunehmen. Gemeinden sollten sie dazu ermutigen und Hilfestellungen geben.

Indem Sie Ihre Familienarbeit nicht punktuell konzipieren, sondern einen Kreislauf schaffen, geben Sie Familien die Möglichkeit, die Gemeinde als Energiequelle für ihr Familienleben zu nutzen. Geben Sie Eltern wiederholte Impulse, die sie dann zu Hause in ihren Familien umsetzen können und die sie dazu ermutigen, sich in der Gemeinde wieder neue Anregungen zu holen, die sie wiederum zu Hause umsetzen können ...

Grundprinzip 4:
Die Gemeinde wirksam werden lassen
Jedes Kind, jeder Jugendliche
hat einen fürsorglichen Leiter
und eine beständige Gruppe Gleichaltriger.

Tatsächlich kommt bei allen Kindern irgendwann der Zeitpunkt, an dem ihnen die Meinung anderer Erwachsener wichtiger wird als die ihrer Eltern. Deshalb sollten wir schon früh damit beginnen, die richtigen „Trainer" in ihrem Leben einzuführen.

Gemeinschaft fördern heißt, Kinder und Jugendliche gezielt mit passenden Leitern und Vorbildern in Kontakt zu bringen. Wer heute aufwächst, braucht stabile und bedeutsame Beziehungen zu Erwachsenen. Denn Kinder und Jugendliche müssen lernen, auch unter schwierigen Umständen ihren Weg zu finden, und dafür brauchen sie kluge Ratgeber. Wir alle brauchen jemanden, der an uns glaubt, und wollen irgendwo dazugehören. Echte Gemeinschaft bietet beides.

Kinder lernen durch Beziehungen: dort, wo ihr Leben mit dem Leben anderer in Berührung kommt. Natürlich sind die Eltern die wichtigsten Bezugspersonen eines Kindes. Aber um lebensverändernde Botschaften verstehen zu können, müssen sie dieselben Dinge von verschiedenen Seiten hören. Wenn Eltern und Leiter gemeinsam dieselben Prinzipien vermitteln, fällt es einem Kind leichter, in schwierigen Situationen weise Entscheidungen zu treffen.

Zudem erleben viele Kinder, die Ihre Gemeinde besuchen, Dinge, die sie niemals für möglich gehalten hätten und die sie gewissermaßen aus der Bahn werfen. Für ihre geistliche Entwicklung ist es ganz entscheidend, ob es in solchen Momenten fürsorgliche Erwachsene gibt, die ihnen zuhören und helfen, diese Ereignisse zu verarbeiten.

Als Gemeinde unterstützen Sie Eltern dann am besten, wenn Sie dafür sorgen, dass es neben ihnen noch andere Erwachsene im Leben ihrer Kinder gibt, die dieselben Dinge sagen. Das ist das Grundprinzip von *Orange*: Die Kombination zweier Einflüsse entfaltet größere Wirkung als zwei einzelne Einflüsse.

So betont *Orange* die Rolle der Kleingruppenleiter ungemein: Der Kleingruppenleiter ist der wichtigste ehrenamtliche Mitarbeiter in unserer Jugendarbeit. Natürlich spielt jeder Mitarbeiter eine wichtige Rolle, aber seien wir mal ehrlich: Nur durch die Bereitschaft eines Erwachsenen, sich in diese Arbeit zu investieren, erhalten unsere Kinder und Jugendlichen das, was sie auf der Beziehungsebene und für ihre geistliche Entwicklung brauchen.

Diese Erkenntnis zeigt, wie verantwortungsbewusst ein Leiter bei der Wahl eines Kleingruppenleiters vorgehen muss und was er von ihm erwarten sollte:

Erstens: Ein guter Kleingruppenleiter hat Zeit.

Die Leiter von *Orange* gehen dabei so weit, dass sie sagen, es sei völlig unerheblich, wie gut jemand mit Kindern und Jugendlichen umgehen kann oder wie toll seine Ausstrahlung ist, wenn er sich nicht die Zeit nimmt, um Beziehungen aufzubauen. Das, was außerhalb der Gruppentreffen und der Gemeinde passiert, ist bei *Orange* genauso wichtig (wenn nicht sogar wichtiger) wie das, was innerhalb passiert. Jugendgottesdienste, Gruppentreffen, Freizeiten sind für die geistliche Entwicklung von Kindern und Jugendlichen ganz entscheidend. Aber wenn ein Leiter diese Treffen nicht nutzt, um Beziehungen zu knüpfen, wird es problematisch. Ein Leiter, der zwar am Sonntag erscheint, aber während der Woche keinen Kontakt zu den Kindern und Jugendlichen hat, kann diese nicht so erreichen wie einer, der sich wirklich investiert, um Beziehungen aufzubauen. Gespräche bei einem Kinobesuch oder ein abendlicher Anruf nach einer schweren Klausur sind die Momente, in denen regelmäßig lebensverändernde und richtungsweisende Gespräche stattfinden.

Zweitens: Ein guter Kleingruppenleiter trifft mitten im Geschehen die richtige Entscheidung.

Vor allem für Jugendliche sind Kleingruppenleiter von besonderer Bedeutung. Verabredungen, Sex, Schule, Partys,

Uni oder Beruf, Alkohol und die Wahl guter Freunde sind ganz wichtige Themen für die Jugendlichen, und ihre Leiter sind täglich damit konfrontiert. Als Leiter können Sie nicht für jeden Jugendlichen in jeder Situation da sein, deshalb ist es so wichtig, Kleingruppenleiter zu haben, die in solchen Momenten zur Stelle sein können. Die Art, wie ein Leiter auf Jugendliche eingeht, wie er reagiert, ihnen vergibt, sie konfrontiert und mit ihnen feiert, entscheidet darüber, ob er langfristig Einfluss auf seine Kleingruppe haben wird.

Drittens: Ein guter Kleingruppenleiter ist authentisch.

Dieser Faktor ist wichtiger als ein bestimmtes Aussehen oder ein besonderer Kleidungsstil – auch wenn das besonders im Jugendalter schwer vorstellbar ist. Viele Leiter versuchen, nur junge, coole Erwachsene zu engagieren. Es ist klar, dass das eigentlich ziemlich oberflächlich ist, zumal Kinder und Jugendliche ein sehr feines Gespür dafür haben, wer authentisch ist und wer nicht. Authentizität hat für sie eine große Bedeutung. Ob jemand jung oder alt, solo oder verheiratet, dünn oder übergewichtig ist, scheint ihnen nicht so wichtig zu sein, solange sie einen Leiter haben, der sich wirklich für sie interessiert und Zeit mit ihnen verbringt.

Grundprinzip 5: Die Chance, Einfluss zu nehmen
Jugendliche erhalten die Möglichkeit,
sich persönlich in der Gemeinde zu engagieren.

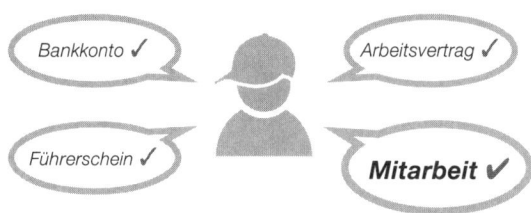

Geistliches Wachstum entsteht vor allem dort, wo wir uns für andere engagieren. Wenn wir Kindern und Jugendlichen nicht zeigen, wie sie anderen ganz praktisch helfen können, lernen sie auch nicht, auf die Bedürfnisse anderer zu achten. Sowohl Gemeinden als auch Familien sollten verstehen, wie wichtig dieses Prinzip ist, denn es hat einen Paradigmenwechsel in der Jugendarbeit zur Folge: Spätestens ab dem vierzehnten Lebensjahr sollten unsere Jugendlichen nicht mehr in erster Line unterrichtet, sondern fest in die Gemeindearbeit eingebunden werden.

Der Grund: Viele Jugendliche kommen nicht mehr in die Gemeinde, weil sie etwas Spannenderes gefunden haben. Das Gemeindeleben war für sie langweilig und ereignislos. Ihnen fehlt die begeisternde Erfahrung, dass Gott durch sie wirken kann.

Seien wir mal ehrlich: Was können Teenager normalerweise in unseren Gemeinden erleben? Wo fordern wir ihren Glauben heraus? Wo geben wir ihnen die Gelegenheit, durch persönliche Mitarbeit zu erfahren, was es bedeutet, sich auf Gott zu verlassen und von ihm gebraucht und verändert zu werden? Wann bieten wir ihnen Möglichkeiten, durch die sie ihre Gaben und eine persönliche Berufung entdecken können? Ab einem bestimmten Alter darf jeder Jugendliche einen Arbeitsvertrag unterzeichnen, ein Bankkonto eröffnen, den Führerschein machen und sich an einer Universität einschreiben. Aber auf geistlicher Ebene erlauben wir ihnen eher selten, Verantwortung zu übernehmen.

Dabei birgt es eine große Chance für Jugendliche und Gemeinden, wenn diese sich aktiv einbringen können. Wenn wir Jugendlichen eine Aufgabe geben, die etwas Größeres beeinflusst, werden sie merken, dass sie mit ihren Gaben wichtig sind und etwas bewirken können. Und sie werden unsere Gemeinden verändern und lebendiger machen.

Vor allem aber helfen wir Jugendlichen, persönlich zu wachsen, wenn wir sie in die Mitarbeit in der Gemeinde einbinden. Denn ohne die Gelegenheit, anderen zu dienen, lernen Jugendliche nicht, was Mitgefühl ist. Wir engagieren uns nicht aus Mitgefühl für andere, sondern Mitgefühl entsteht, während wir uns für andere engagieren. Ohne die Gelegenheit, anderen zu dienen, lernen Jugendliche auch ihre eigenen Fähigkeiten nicht richtig kennen. Sie wissen nicht, was in ihnen steckt und was sie anderen geben können. Also erwarten sie, dass andere ihre Bedürfnisse erfüllen, statt zu überlegen, was sie für ihre Mitmenschen tun können. Auch als Erwachsene werden sie sich für den Nabel

der Welt halten und auch in der Gemeinde eine Konsum-
haltung an den Tag legen.

Die wichtigste Konsequenz aber ist: Wenn Jugendliche
nicht die Gelegenheit bekommen, anderen zu dienen, erfahren sie nicht, was es bedeutet, jemanden um der Liebe
willen zu lieben. Sie bemühen sich dann, sich selbst oder
einen anderen Menschen zu verändern, ohne ihm Liebe
und Wertschätzung entgegenzubringen. Doch ohne diese
Art der Liebe entsteht eine Schieflage, sowohl in ihrer Einstellung gegenüber der Gemeinde als auch in ihrem Selbst-
bild sowie in ihrer Beziehung zu Gott. Sie sind sich über
ihre eigene Bedeutung unsicher und zweifeln daran, dass
Gott tatsächlich Leben verändern kann.

Eine *orange* Zu-Mutung

Die Gemeinde wurde dazu geschaffen, Licht zu sein.

Eltern wurden dazu geschaffen, bedingungslose Liebe
zu zeigen.

Wenn beide ihre Einflüsse kombinieren, können sie
mehr erreichen.

Wenn Sie diesen Aussagen zustimmen, sind Sie schon
unterwegs auf dem Weg *orangen* Denkens. Suchen Sie
sich Mitstreiter in Ihrer Gemeinde und vor allem: Gewinnen Sie die leitenden Mitarbeiter dafür, ebenso *orange* zu
denken.

Keine andere Institution hat eine vergleichbar gute
Ausgangsposition, Familien positiv zu prägen, wie die

Gemeinde. *Orange* Gemeinden wollen ein Licht für ihr Umfeld sein und motivieren Eltern, den Glauben mit ihren Kindern im Alltag zu leben. Jede Gemeinde kann das tun, unabhängig von ihrer Größe, Ausrichtung, Denomination oder Struktur.

Viele Gemeindemitarbeiter bemühen sich bereits, ihr Bestes für Kinder und Familien zu geben. Wenn Sie dabei an einem Strang ziehen und eine ganzheitliche Strategie verfolgen, die alle Gemeindebereiche mit einbezieht, werden sie noch mehr dafür tun, damit Kinder und Jugendliche einen Glauben bekommen, der bleibt und sie durch ihr Leben begleitet.

Wie geht es Ihnen mit dem Gedanken, Ihre Gemeinde auf *Orange* auszurichten? Stresst Sie das, was Sie bisher gelesen haben, weil Sie glauben, dass Sie nun viel Neues umsetzen müssen? Geht Ihnen schon beim Gedanken, *Orange* in Ihrer Gemeinde umzusetzen, die Luft aus? Sagen Sie: *Orange* überzeugt mich, aber ich kann nicht noch mehr machen, weil mein Tag nur 24 Stunden hat? Dann seien Sie beruhigt. Das Ziel ist nicht, dass Sie alles anders oder neu machen, sondern dass Sie manches besser und strategischer machen!

Wollen wir *Orange* in unser kirchliches, spirituelles, kulturelles, gesellschaftliches Umfeld übertragen, dann geht es um die Prinzipien ... nicht so sehr um Methodik!

Die Strategie von *Orange* soll Mut machen, auch in der eigenen Gemeinde und im eigenen Kontext, Neues zu wagen, denn sie zeigt uns: Auch in North Point hat vieles klein begonnen. Nicht alles war von Beginn an perfekt und exzellent. Holen Sie sich Rat und Hilfe bei Menschen, die bereits unterwegs sind. Vielleicht helfen Ihnen die nächsten Kapitel dabei.

Es ist wahr: Wenn Sie nichts verändern, werden Sie womöglich keine Fehler machen, aber Sie verändern eben auch nichts und verharren auf dem Status quo.

Was wäre gewesen, wenn Mose das Volk Israel nicht aus Ägypten geführt hätte, aus Angst Fehler zu begehen? Was wäre gewesen, wenn Jesus und seine Jünger nicht den Mut gehabt hätten, sich gegen die Pharisäer und Schriftgelehrten durchzusetzen? Was wäre gewesen, hätte Paulus lieber auf dem Status quo seines Lebens verharrt? Was wäre gewesen, wenn sich Martin Luther nicht gegen die damalige Kirche aufgelehnt hätte? Was wäre, wenn Sie stehen blieben und nichts verändern würden?

Niemand kann sagen, was die noch so kleinen Schritte, die wir heute gehen, in hundert Jahren bewirkt haben werden! Wenn Sie also den *orangen* Weg gehen wollen, dann beginnen Sie so:

1. Entwickeln Sie eine *Herzenshaltung* für Familien und die Idee von *Orange*. Versuchen Sie, andere mit dieser Leidenschaft anzustecken.
2. Entwickeln Sie eine *orange Denkweise*. Fragen Sie sich bei allem, was Sie in Ihrer Gemeinde tun: Was bedeutet dies für eine Partnerschaft mit Familien? Bringen Sie Eltern die Frage nahe: Was bedeutet das, was wir in unserer Familie tun, für eine Partnerschaft mit der Gemeinde?

3. Entwickeln Sie, zusammen mit anderen, die ihr Herz auf *Orange* ausgerichtet haben und begonnen haben, *orange* zu denken, eine Strategie, wie Sie Ihre Träume erreichen können.

Nur Mut, es lohnt sich!

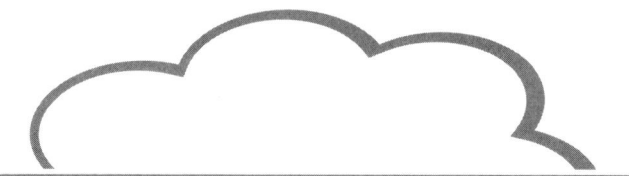

*„Die Kraft der Vorstellung beruht
auf dem großen Prinzip, dass alles im Leben
zweimal geschaffen wird. Alles entsteht
das erste Mal in unseren Gedanken,
bis es dann als zweites sichtbar entsteht."*

Norman Vincent Peale

Orange bei uns – Wie sich Gemeinden auf den Weg machen

Der Christus-Treff Marburg denkt *orange*

Gerade hat der Christus-Treff Marburg seinen 30. Geburtstag gefeiert und jetzt könnte man denken: „Oh Mann, ist das alt", oder fragen, ob wir in die Jahre gekommen sind.

Wir sind seit 30 Jahren auf dem Weg. Auf dem Weg mit Jesus und miteinander unterwegs. Viele sind geblieben, viele in die Welt gesandt, neue kommen hinzu und wir gehen einen täglichen Weg als Gemeinde und Bewegung miteinander. Wir sind Jesus sehr dankbar, dass unsere Arbeit wächst, und wir stellen uns gern den Herausforderungen, die das mit sich bringt.

Zurzeit dürfen wir drei Gottesdienste jede Woche feiern. Während der beiden Gottesdienste am Sonntagvormittag um 10:00 Uhr und um 12:00 Uhr kommen mehr als 100 Kinder in das Kinderprogramm. Uns ist es als Gemeinde wichtig, unseren Kindern dabei zu helfen, zu Jüngerinnen und Jüngern heranzuwachsen und sie auf ihrem Weg mit Christus zu begleiten.

Orange als Strategie und Idee hilft uns, dabei zielgerichtet und systematisch unsere Kinder, deren Eltern und alle anderen in der Jüngerschaft zu fördern. Wir wollen als Gemeinde mit Jung und Alt, Groß und Klein gemeinsam auf dem Weg Christi sein. Denn zur Erziehung und Prägung eines Kindes braucht man ein ganzes Dorf/eine ganze Gemeinde.

An *Orange* überzeugt uns das ganzheitliche Verständnis und die organische Verbindung der verschiedenen Altersgruppen. *Orange* bedeutet, voneinander lernen, miteinander auf dem Weg sein, in und zur Verantwortung geführt zu werden, als mündige Christinnen und Christen heranzureifen und Christsein im Alltag mehr leben zu lernen.

Viele der Dinge, die *Orange* beschreibt, machen wir als Gemeinde seit Jahren sehr intuitiv. *Orange* hilft uns jetzt allerdings dabei, die Dinge gezielter anzuwenden und ein neues Verständnis zu entwickeln. Natürlich ist die *Orange*-Idee auch für uns neu, wir probieren uns aus und schauen, was zu uns passt, was wir umsetzen.

Einige kleine Praxisbeispiele, die wir bisher umgesetzt haben oder in Planung angehen wollen:

Auf dem Christus-Treff-Sommercamp haben wir in allen Altersgruppen das gleiche Thema altersgerecht behandelt und versucht, immer wieder Brücken untereinan-

der zu bauen, um Jung und Alt ins Gespräch und miteinander in Berührung zu bringen.

Alle hörten in ihren Gruppen die gleiche biblische Geschichte von David und seiner Salbung zum König.

Mit den Kindern haben wir anschließend selbst Salböl
nach biblischem Rezept hergestellt. Gut begleitet und vor-
bereitet haben wir mit den Kindern geübt, wie man für
jemanden betet, wie man jemanden segnet und salbt.
Am Abend haben dann die Kinder, die wollten, alle Erwachsenen, die wollten, gesalbt und ihnen die Liebe Jesu
zugesprochen. Erstaunlich war, dass im Grunde alle Kinder und Erwachsenen diese Idee in Anspruch genommen
haben und alle sehr bewegt davon waren und wir Gottes
Handeln erleben durften.

Mit den Kindern haben wir dann passend zu den Geschichten um Ruth, die Ähren aufsammelt, die wieder alle
Altersgruppen gehört haben, Korn/Ähren/Wachstum behandelt, Mehl gemahlen und Brot gebacken. Wieder gut
begleitet und erklärt haben wir damit dann Abendmahl gefeiert. Jung und Alt kam zusammen und die Idee vom Leib
Christi wurde sicht- und spürbar.

Ein weiteres erprobtes Beispiel sind unsere „Weiter-
Gedacht"-Gesprächskarten, welche die Kinder unregel-
mäßig nach dem Gottesdienst mitbekommen. Die Karten
helfen den Familien, über das gehörte Thema aus dem
Gottesdienst ins Gespräch zu kommen. Es werden Fragen
aufgeworfen, praktische Ideen geliefert und Hilfestellungen
an die Hand gegeben, um als Familie miteinander im Austausch zu bleiben.

In naher Zukunft wollen wir sowohl im Kinder- als auch im Erwachsenenbereich die gleichen Gottesdienstthemenreihen behandeln, mit dem Ziel, durch verschiedene Methoden Brücken zwischen den Kindern und Erwachsenen zu bauen und geistlich miteinander unterwegs zu sein.

Als Vater und Hauptamtlicher wünsche ich mir, dass unsere Kinder und Jugendlichen Jesus kennenlernen, sich selbstbewusst und selbstständig für Christus entscheiden, gern in den Gottesdienst gehen und dort Spaß haben. Ich wünsche mir, dass wir Erwachsenen als mündige Christinnen und Christen selbst heranreifen, unsere Verantwortung erkennen und die nächste Generation dabei unterstützen, Jesus zu vertrauen. Ich wünsche mir, dass Jung und Alt lernt, voneinander zu profitieren, und ich glaube, dass *Orange* dabei helfen kann, miteinander auf dem Weg zu sein, und jeder Gemeinde dabei helfen kann, einen wichtigen Baustein des Gemeindealltags in den Blick zu nehmen.

Paco Leuschner,
hauptamtlicher Mitarbeiter im Christus-Treff Marburg,
leitet dort u. a. den Kinderbereich
www.christus-treff-marburg.de

Die Andreasgemeinde Niederhöchstadt denkt *orange*

Die evangelische Andreasgemeinde in Niederhöchstadt, in der ich seit über vier Jahren hauptamtlicher Leiter des

Kinderbereichs bin, durchlebte in den letzten Jahren eine Entwicklung, die dazu führte, dass wir anfingen, *orange* zu denken – zunächst fast ohne es zu merken. Erst später richteten wir diese Entwicklung strategisch auf *Orange* aus. Und wir sind weiterhin auf dem Weg. Vieles von dem, was wir uns erträumen, steht noch in den Sternen, aber einiges haben wir auf unserem bisherigen Weg schon gelernt.

Als ich in der Andreasgemeinde begann, gab es bereits viele gut besuchte Angebote für Kinder. Viele Familien hatten ein Zuhause in unserer Gemeinde gefunden. Schon bald stellte mich dies vor ein Problem: Einer unserer Kindergottesdienste, der wöchentlich für Null- bis Fünfjährige gemeinsam mit je einem Elternteil stattfand, war mit über 60 Personen so gut besucht, dass der vorgesehene Raum nicht mehr genügend Platz bot. Außerdem fiel es den Mitarbeitern des wöchentlichen Kindergottesdienstes für Sechs- bis Zwölfjährige immer schwerer, die große Altersspanne gleichberechtigt anzusprechen.

Dies zog zwei Dinge nach sich: Zum einen hielten wir Ausschau nach neuen Mitarbeitern. Zum anderen machten wir schließlich aus zwei wöchentlichen Kindergottesdienstangeboten drei. Mit der dritten, neuen Gruppe zogen wir in angemietete Räume außerhalb des Gemeindezentrums. Hatten die Kindergottesdienstgruppen zuvor eher unabhängig voneinander agiert, betten wir sie nun in ein neues Gesamtkonzept ein: Die Mitarbeiter sollten über die verschiedenen Altersgruppen hinweg in Kontakt bleiben und sich in regelmäßigen Abständen im großen Team treffen. Darüber hinaus wollte ich den Kinderbereich besser mit dem sehr eigenständigen Jugendbereich vernetzen, um aus dem Kinderbereich herauswachsenden Jugendlichen einen Übergang möglichst leicht zu machen.

Als Schlüssel in der Arbeit mit Kindern und Jugendlichen ab zwölf Jahren entpuppte sich, dass wir ihnen mehr und mehr die Möglichkeit gaben, selbst aktiv in den Angeboten mitzuarbeiten, sodass wir heute eine große Zahl an jungen (Nachwuchs-)Mitarbeitern in unserer Gemeinde haben.

Zwei Dinge wurden mir dabei besonders wichtig:

1. Jugendliche haben eine enorme Anziehungskraft auf Kinder. Kinder lieben es, Zeit mit ihnen zu verbringen, gerade wenn sie nur wenig älter als sie selbst sind. Die Jugendlichen werden so oft zu einer Art großer Schwester oder großem Bruder.
2. Jugendliche bekommen durch die Mitarbeit eine Aufgabe, für die sie gebraucht werden. Sie werden Teil von etwas Größerem, werden respektiert und wertgeschätzt. Das spüren Jugendliche und es lässt sie persönlich und geistlich ungemein wachsen.

Das Wachstum des Kinderbereichs bescherte uns eine große Aufmerksamkeit der Gemeindeleitung sowie der gesamten Gemeinde, was wie ein Samen für eine spätere ganzheitliche, *orange* Gemeindestrategie wirkte.

Noch vor wenigen Jahren waren wir Mitarbeiter des Kinderbereichs uns in einem Punkt einig: Wir können uns nur sehr sporadisch um die Eltern und Familien der Kinder in unseren Angeboten kümmern. Ich muss gestehen, dass ich als Bereichsleiter daran großen Anteil hatte, da ich befürchtete, die Mitarbeiter zu überfordern, wenn sie sich zusätzlich auf die Eltern ausrichten sollten. Zwar stand schon damals im Konzept des Kinderbereichs das erklärte Ziel, Eltern in die Arbeit zu integrieren, in der Realität fand das aber meist kaum Beachtung.

Einige Angebote sprachen die Erwachsenen bereits speziell in ihrer Elternrolle an. So gab es Familienhauskreise, Elternabende für Konfirmanden und Eltern der Kindermusicalkinder, Seminare für Eltern, deren Kinder getauft werden sollten, sowie mehrmals im Jahr Familiengottesdienste, die oft gleichzeitig als Tauffest gefeiert wurden.

Mit einigen Mitarbeitern des Kinderbereichs nahm ich 2011 am Promiseland-Kongress „Next Level" in Stuttgart teil. Dort lernten wir die Idee von *Orange* kennen und trafen uns danach zweimal, um neue Zielrichtungen für eine *orange* Kinder- und Gemeindearbeit zu finden. Im Kinderbereichsleitungsteam und im Hauptamtlichenteam der Gemeinde machten wir uns ebenso Gedanken über diese neue Zielrichtung wie auf einem Seminartag aller leitenden Mitarbeiter des Kinderbereichs. Dort befassten wir uns vorwiegend mit der Frage: Wie können wir Eltern besser in den Kinderbereich integrieren und über deren Inhalte informieren, damit wir die religiöse Entwicklung der Kinder *gemeinsam* prägen?

Sehr dankbar sind wir dafür, dass unsere Gemeinde etwa zeitgleich eine weitere hauptamtliche Leiterin einstellen konnte, die einen neuen Zweig der Gemeindearbeit

aufbauen und mit den anderen Gemeindebereichen vernetzen sollte: den Familienbereich. Auch hier wird noch
erprobt, wie unsere ganzheitliche *Orange*-Strategie aussehen soll. Eltern und ehrenamtliche Mitarbeiter sind dabei
genauso involviert wie alle hauptamtlichen Leiter und Pastoren der Gemeinde.

Auch wenn wir uns entschlossen haben, in dieser Entwicklung nichts zu überstürzen und in der nächsten Zeit
erst einmal alle Mitglieder der Gemeindeleitung mit ins
Boot zu holen, gibt es schon jetzt einige Neuerungen, die
unsere Gemeinde *oranger* werden ließen.

Bislang gab es ein spezielles Gottesdienstevent für ge-
meindeferne Kinder, das wir vor Kurzem in eines für die
ganze Familie umwandelten. Der „Go for family" fand bisher erst einmal als Testballon statt, soll aber in Zukunft
regelmäßig wiederholt werden, denn der Erfolg übertraf
unsere Vorstellungen. Rund 70 Kinder kamen und fast alle
brachten ihre Eltern mit. Auch viele sogenannte kirchen-
distanzierte Eltern ließen es sich nicht nehmen, an diesem
bunten, lebendigen Tag teilzunehmen. Es entstanden neue
Kontakte, bestehende wurden vertieft und die Kinder waren glücklich, dass ihre Eltern endlich mal ihre tolle Ge-
meindezeit miterleben konnten.

Eine weitere Veränderung: Da unsere Kindergottesdienste jahrelang parallel zu einem eher traditionellen Erwachsenengottesdienst, sonntags um 10 Uhr, stattfanden,
wir aber viele Kinder in den Kindergottesdiensten hatten,
deren Eltern sich einen modernen Erwachsenengottesdienst wünschten, entschlossen wir uns, die bisherigen

Gottesdienstformate zu verändern. Der traditionelle Erwachsenengottesdienst sollte nun um 9:30 Uhr stattfinden. Dafür legten wir den bisherigen modernen Abendgottesdienst für Erwachsene auf 11:00 Uhr, wo nun auch die Kindergottesdienste stattfinden sollten. Am Abend gibt es nun stattdessen einen Gottesdienst, der speziell auf 18- bis 30-Jährige zugeschnitten ist.

Dass sich die Besucher der Erwachsenengottesdienste (und damit viele Menschen ohne Kinder, die sich an die bisherigen Zeiten gewöhnt hatten!) so auf die Kindergottesdienste einstellten, war für uns Kinderbereichsmitarbeiter ein Geschenk des Himmels! Wir sind noch in der Testphase, aber schon jetzt zeichnet sich ab, dass wir mit dieser Veränderung den richtigen Schritt getan haben. Denn der sogenannte Elfer-Gottesdienst übertraf von Anfang an unsere Erwartungen. Rund 150 Erwachsene, überwiegend Eltern, besuchen diesen Gottesdienst und auch die Zahl der Kinder in den Kindergottesdiensten wächst. Auch hier ist erkennbar, wie sich zwei Faktoren (Kindergottesdienste plus moderner Erwachsenengottesdienst) gegenseitig ergänzen, befruchten und mehr als die Summe der einzelnen Faktoren ergeben – typisch *Orange* eben.

Parallel zu dieser Entwicklung beschlossen wir auch, dass – zunächst ebenfalls probeweise – alle drei Kindergottesdienste die gleichen Themen wie die der Erwachsenengottesdienste aufgreifen sollten. Das bot sich dank der neuen Predigtreihe „Die Geschichte" an, in der die gesamte Gemeinde innerhalb von 31 Sonntagen einmal komplett durch die ganze Bibel reist: von Genesis bis zur

Offenbarung. Diese Predigtreihe lässt sich sehr einfach für alle Altersgruppen umsetzen. So sollen Eltern zu Hause leichter mit ihren Kindern über das gemeinsame Gottesdienstthema ins Gespräch kommen können, auch wenn sie Kinder unterschiedlicher Altersstufen haben. Als Hilfe dazu bekommen sie eine „Elternkarte" in die Hand, auf der sie das jeweilige Thema und einige Gesprächsanregungen und Tipps zur Vertiefung in der Familie finden.

Unsere Gemeinde sucht weiter nach einer zu uns passenden *Orange*-Strategie. Wir sind uns sicher, dass sich die Mühe lohnt und Gott uns auf diesem Weg begleitet und segnet – was er schon bei vielen *orangen* Veränderungen überaus reich getan hat!

Jonathan Rauer,
pastoraler Mitarbeiter für den Kinderbereich
in der ev. Andreasgemeinde Niederhöchstadt
www.andreasgemeinde.de

Netzwerk43 denkt *orange*

Von dem Augenblick, in dem ein Kind geboren wird, bis zu seinem Schulabschluss vergehen rund 940 Wochenenden. Das sind 940 Wochenenden, die ein Kind mit Familie und Freunden verbringen könnte. 940 Wochenenden, an denen ein Kind zur Kirche gehen und erleben könnte, dass der Glaube an Gott Leben verändert. 940. Das hört sich nach viel an, doch wenn man genauer hinschaut, sieht es meist anders aus. Durchschnittlich bleiben einer Gemeinde nicht mehr als 40 Stunden im Jahr, um einen jungen Menschen in seinem Heranwachsen zu fördern und so den Glauben an die nächste Generation weiterzugeben.

Doch wie können wir diese Stunden so gestalten, damit sie Kinder und Jugendliche nachhaltig prägen und einen Unterschied machen? Wie können wir diese Stunden nutzen, damit am Ende etwas bleibt, das jede Zeit überdauert?

Genau diese Fragen bewegen unsere Gemeinde Netzwerk43 schon länger. Doch eine klare Strategie, sie anzugehen, hatten wir zunächst nicht.

Im Sommer 2011 hatte ich dann die Möglichkeit, ein zweimonatiges Praktikum in der North Point Community Church in den USA zu machen. Dort erlebte ich zum ersten Mal, wie man Kirche mit Kindern und Jugendlichen so gestalten kann, dass sie junge Menschen zum Staunen bringt, sie zum Entdecken herausfordert und Leidenschaft entfacht. Oder kurz gesagt: wie eine *orange* Gemeinde aussieht. Die Erfahrungen bei North Point brachten mich dazu, neu über die Gemeinde und die Arbeit mit jungen Menschen nachzudenken. Auch meine Eltern, die das Netzwerk43 leiten, nahmen an der *Orange* Conference teil und brachten viele wertvolle Impulse mit nach Hause. Seitdem wollen wir als Gemeinde die *Orange*-Mentalität weiter vertiefen und in die Praxis umsetzen.

Also krempelten wir die Ärmel hoch und veränderten einige grundlegende Dinge in der KidsZone, der Kinderarbeit von Netzwerk43. Das 252-Basics-Curriculum von

Orange ist uns dabei eine große Hilfe. Das Material bezieht sich auf den Bibelvers aus Lukas 2,52: „Und Jesus nahm zu an Weisheit, Alter und Gunst bei Gott und den Menschen." Alles, was wir in der KidsZone machen, orientiert sich an den drei im Bibelvers enthaltenen Grundsätzen. Wir wünschen uns, dass jedes Kind sie tief in seinem Herzen verinnerlicht:

Glaube: Ich kann Gott vertrauen, egal, was passiert.

Weisheit: Ich werde weise Entscheidungen treffen.

Freundschaft: Ich behandle andere so, wie ich behandelt werden möchte.

Obwohl wir erst am Anfang stehen, haben wir bereits erstaunliche Erfahrungen gemacht. In erster Linie überzeugt uns, dass *Orange* mehr als nur ein Programm ist. Es ist ein Werkzeug, mit dem man beim Kleinkind bis zum jungen Erwachsenen Veränderung bewirken kann. *Orange* ist auch mehr als nur eine theoretische Strategie. *Orange* ist zutiefst praktisch, intuitiv und einfach umzusetzen. *Orange* beschränkt sich nicht auf einen bestimmten Aspekt und kann gerade dadurch viele unterschiedliche Kräfte bündeln. Alles geht darum, Kinder gemeinsam mit den Eltern stark zu machen.

Statt Geschichten aus der Bibel einfach nur zu erzählen, fordert *Orange* uns dazu heraus, sie zum Leben zu erwecken. Wir wollen die Kinder abholen, wo sie sind, und ihnen etwas von der Faszination von Gottes Wort weitergeben. Immer wieder die Brücke zum Alltag der Kinder zu schlagen und die Bibelgeschichte in konkrete Situationen aus dem Leben einzubetten, ist dabei sehr hilfreich.

Dank *Orange* vertiefen wir den themenorientierten Ansatz, den wir zuvor schon verfolgt hatten, noch. Einen Monat lang beschäftigen wir uns jeweils mit einem biblischen Wert wie beispielsweise Respekt, Vertrauen oder Liebe. Das bedeutet, dass in der KidsZone alle an einem Strang ziehen, damit der Aspekt des Themas, den wir hervorheben wollen, auch wirklich bei den Kindern ankommt. Alle Spiele und sonstigen Aktivitäten, sei es in der Kleingruppe oder im Plenum, drehen sich um den einen Gedanken, den die Kinder mit nach Hause nehmen sollen. Deshalb haben wir neben unseren KidsZone-Lobpreisliedern auch immer einen Themensong dabei, der das Ganze von einer anderen Perspektive aufgreift.

Doch KidsZone ist nicht nur eine Zeit, in der die Kinder Spaß haben, die Lautstärke aufdrehen und Gott zur Ehre singen dürfen, sondern es ist auch eine Zeit, in der sie mit anderen Kindern und Erwachsenen Gemeinschaft erleben. Deshalb gehen die Kinder vor und nach dem Plenum in ihre Kleingruppen. Wir glauben, dass es absolut wichtig ist, dass ein Kind neben seinen Eltern noch andere wertvolle Menschen hat, die regelmäßig in sein Leben investieren. Aus diesem Grund leiten ein Erwachsener (jeweils derselbe für eine Gruppe) und ein Jugendlicher zusammen eine Kleingruppe von fünf bis zehn Kindern. *Orange* hat uns neu klargemacht, dass sich auch Jugendliche in Jüngere investieren können und dass sie Erfahrungen aus ihrem Leben teilen und authentische Vorbilder sein können.

Nach wie vor gilt: Was zu Hause geschieht, ist wichtiger als das, was in der Gemeinde passiert. Damit die Kinder

nach der KidsZone nicht nach Hause gehen und im End-
effekt alles beim Alten bleibt, bekommt jedes Kind eine
„Elternsache". Diese Karte ist, wie der Name schon sagt,
für die Eltern und beinhaltet Impulse für verschiedene
Tageszeiten: „Mahlzeit" (Fragen zum Thema), „Familien-
zeit" (eine gemeinsame Aktivität, die Spaß macht und zum
Thema passt) und „Bettzeit" (eine Bibelgeschichte zum
Vorlesen sowie ein gemeinsames Gebet). Außerdem wird
zusammengefasst, was wir während der KidsZone gemacht
haben: das Thema des Tages, der Lernvers für den Monat
und die behandelte Bibelgeschichte.

Neben der „Elternsache" bekommt jedes Kind auch eine
„Zeit mit Gott"-Karte. Dort finden sich für vier Tage der
folgenden Woche passende Bibelverse zum selbst Nach-
lesen, je ein kurzer Impuls, kleine Experimente und praktische Aufgaben zum Thema sowie Ideen für ein Gebet. Das
alles soll Eltern und Kinder unterstützen, den Glauben zu
Hause zu leben.

Wir finden, dass ein regelmäßiges Investment, wie etwa
die Zeit am Sonntag, einen bedeutenden Unterschied machen kann. Diese Zeit ist so gestaltet, dass Kinder und Erwachsene sich wohl dabei fühlen, Freunde mitzubringen,
die sonst eher nicht zur Kirche gehen. Dennoch möchten
wir auch außerhalb dieser Zeiten einen Rahmen schaffen,
in dem Familien einander und Gott begegnen und dabei
Spaß haben. Aus diesem Grund planen wir eine Art mo-
natliches Theater, das darauf zielt, Werte auf kraftvolle und
zeitgemäße Art weiterzugeben.

Auch im Hinblick auf einen anderen Ort, an dem junge

Menschen viel Zeit verbringen – in der Schule –, hat sich bei uns einiges entwickelt. In unserem Umkreis gibt es mehrere christliche Schulen, mit denen wir zusammenarbeiten. Wir gestalten gemeinsam kreative Andachten, um Kinder zu erreichen, die nicht zur Kirche gehen. Das soll auch Lehrern die Möglichkeit geben, in das Leben ihrer Schüler zu investieren.

Das alles sind kleine Schritte, die wir in der letzten Zeit als Gemeinde gehen, um *Orange* in die Praxis umzusetzen. Wir können schon auf viele kleine Veränderungen blicken, die uns der Partnerschaft von Gemeinde und Familie etwas näher gebracht haben. 40 Stunden im Jahr sind nicht viel, aber genug, um wichtige Prozesse anzustoßen. Wenn wir gemeinsam *Orange* leben, junge Menschen zum Staunen bringen, zum Entdecken herausfordern und Leidenschaft in ihren Herzen wecken – wenn wir gemeinsam daran arbeiten, dass junge Menschen erkennen, wer Gott ist, sich selbst sehen lernen, wie er sie sieht, und andere so lieben, wie Gott sie liebt, wird der Glaube einen prägenden Einfluss auf die nächste Generation haben.

Brittany Ehemann,
Mitarbeiterin in der Gemeindegründungsarbeit Netzwerk43
und engagiert in der Leitung der Kinder- und Jugendarbeit
www.netzwerk43.de

Chrischona Schweiz denkt *orange*

Wenn sich eine Gemeinde oder auch Eltern entscheiden, *orange* zu denken, dann muss erst mal gar nichts gemacht werden. Das ist das Befreiende: *Orange* ist eine Herzenshaltung, dann eine Denkweise und erst dann eine Strategie. *Orange* ist keine neue Welle, kein neues Projekt, keine neue Aktion, die häufig allzu bald wieder abgelöst wird. Erste – und vorerst einzige – Aufgabe ist es, *orange* zu denken.

Bereits in den Jahren 2005 bis 2007 bemerkten wir in den Gemeinden von Chrischona Schweiz eine beunruhigende Entwicklung: Viele Jugendliche, die früher gerne und regelmäßig an den Kinderprogrammen der Gemeinden teilnahmen, kommen plötzlich nicht mehr zu den Veranstaltungen der Jugend oder der jungen Erwachsenen. Eine ganze Reihe von ihnen hatte sich zwar im Kindesalter entschlossen, mit Jesus zu leben, kehrte jedoch irgendwann nicht nur der Gemeinde, sondern nicht selten auch dem aktiven persönlichen Glauben an Jesus den Rücken zu. Da musste etwas unternommen werden. Die Frage lautete: Wer kann helfen? Klar, die Eltern auf der einen und die Gemeinde auf der anderen Seite.

Natürlich arbeiten Gemeinden und Eltern oft an ein und demselben Ziel: Kinder und Jugendliche sollen eine persönliche Beziehung zu Gott entwickeln. Doch leider stellten wir fest, dass die einzelnen Gemeindegruppen sich meist nicht mit den Eltern abgesprochen hatten und umgekehrt. Auch zwischen den Gemeindegruppen, die die Kinder und Jugendlichen im Laufe der Jahre durchwandert hatten, wurde nur wenig kommuniziert. Hinzu kam eine Vermutung, die mehr und mehr zur Gewissheit reifte: Das geistliche Leben (Bibellese, Gebet, gemeinsamer Austausch usw.) gehörte längst nicht in jeder christlichen Familie zum Alltag. Manche dieser jungen Eltern hatten selbst nichts dergleichen erlebt, als sie Kinder waren – und wo sollten sie es nun lernen?

Während wir diesen Mangel an geistlichem Alltagsleben in vielen von unseren Familien beobachteten, wurde uns eine zweite Tatsache immer klarer: Eltern haben einen viel größeren geistlichen Einfluss auf ihre Kinder, als dies die Gemeinde mit all ihren Angeboten je haben kann.

In dieses Realisieren und Fragen kam 2007 ein von Willow Creek organisierter Impulstag mit Mark Holmen in Winterthur. Er ermutigte seine Zuhörer, wieder neu Rituale* wie etwa ein Gutenachtgebet oder einen Segen am Morgen einzuüben. Gemeinden motivierte er dazu, ganz einfache Impulse und Anleitungen dafür zu geben. Holmen inspirierte uns dazu, in verschiedenen Gemeinden Eltern-IMPULSE zu starten, um das geistliche Miteinander in der Familie zu beleben. Das Feedback ist sehr gut! Seit dieser Zeit finden außerdem halbjährliche verbandsübergreifende Austauschtreffen statt, um sich gegenseitig zu ermutigen und über bisherige Erfahrungen auszutauschen. Zu diesem Zweck gibt es auch einen Blog: www.glaubezuhauseleben.ch.

---

* Mark Holmen, Dave Teixeira: Den Glauben zu Hause leben – Praktische Ideen, durch die Eltern ihre Kinder geistlich prägen. Willow Medien GmbH, 2. Auflage, 2009.

Mit der Zeit zeigten sich auch die Grenzen dieser Arbeit: Das wertvolle Werkzeug deckt „nur" ein Alterssegment von null bis zwölf Jahren ab und dreht sich im Kern „lediglich" um das Wiederentdecken und Einüben von Familienritualen.

Mark Holmen machte in seinen Ausführungen auch bewusst, dass innerhalb der gemeindlichen Angebote für Kinder, Teenager und Jugendliche in den vergangenen Jahren meist in Säulen gedacht worden war. Jede Gruppe schaute nur auf sich und eine Kommunikation untereinander fand in den wenigsten Fällen statt. Daran wollte die verantwortliche Jugendkommission der Chrischona-Gemeinden Schweiz (das ist ein freikirchlicher Verband von rund 100 Gemeinden in der Schweiz) etwas ändern. Sie erarbeitete sogenannte Entwicklungsübersichten für die gesamte Altersspanne von null bis 20 plus: Wo steht ein Kind/Jugendlicher in welchem Alter, was kann man entwicklungsbedingt voraussetzen, was ist vom Glauben her als Schwerpunkt zu sehen usw.? Schließlich machten sich fünf „Testgemeinden" mit dieser Thematik auf den Weg und berichten seitdem regelmäßig, was sie bislang über die Glaubensentwicklung in den einzelnen Altersgruppen herausgefunden haben.

Einen besonderen Schwerpunkt bildete darüber hinaus die Frage: Wie können wir die Koordination der einzelnen Gemeindeangebote innerhalb der Gesamtjugendarbeit unter der Woche, am Sonntag und auf Freizeiten verbessern? Von dieser Überlegung ausgehend etablierte sich in einer weiteren Gemeinde beispielsweise die Praxis, dass sich alle Leiterteams der verschiedenen Altersstufen einmal im Monat am gleichen Abend zur Vorbereitungssitzung treffen. Die Teamleiter kommen eine Stunde früher und besprechen Fragen, die die Gesamtarbeit von null bis 20 plus betreffen. Der verantwortliche Jugendpastor meint dazu: „Dies ist für mich die wichtigste Stunde im Monat – was wir da an Energie sparen und was als Leitung der Gesamtjugendarbeit wirklich geschehen kann, ist enorm. Diese eine Stunde im Monat ist Gold wert."

Im Mai 2011 fand ein weiterer Impulstag in Zusammenarbeit mit Willow Creek Schweiz statt. Er stand unter dem Motto: „Wollen wir die nächste Generation in Zukunft besser begleiten können, müssen wir uns *alle* besser absprechen – wir wollen keinen großen Aufwand, aber miteinander reden!" Damals tauchte erstmals das Thema *Orange* auf. Und prompt reifte in einigen Köpfen die Überzeugung, dass uns dieser Ansatz möglicherweise weiterbringen könnte. Natürlich ist manches, was *Orange* betont, nicht neu – es wird dank der übergeordneten Idee einfach in einem neuen Licht oder durch eine neue Brille betrachtet. Unsere Hoffnung: Dank *Orange* ergäbe sich ein größeres ganzes Bild für unsere Arbeit.

Im April 2012 nutzten wir das Angebot einer Studienreise zur *Orange*-Konferenz nach Atlanta. Drei freikirchliche Verbände aus der Schweiz entsandten je zwei bis drei Personen mit folgendem Auftrag: Findet heraus, was sich von diesem Gedankengut in unserer gesellschaftlichen und gemeindlichen Situation anwenden ließe.

Alle kamen mit dem einmütigen Anliegen zurück: Wir möchten die Herzenshaltung, die Denkweise und die

Strategie von *Orange* zu einem unserer Hauptthemen machen. Wir möchten *Orange* nicht nur als Thema nennen, sondern *orange* denken. Wir glauben, so kann das Potenzial der Zusammenarbeit von Eltern und Gemeinde besser thematisiert und gefördert werden. Das Tolle daran: Die beiden Initiativen von „Glaube zu Hause leben – Eltern-IMPULSE" und „Null bis 20 plus" können sehr gut in ein größeres Bild integriert werden, sind dadurch aber keinesfalls überholt oder abgelöst.

Es wurde eine verbandsübergreifende Arbeitsgruppe ins Leben gerufen, die Strategien koordinieren und Ressourcen bündeln soll. In den letzten Monaten verfasste sie beispielsweise einen kurzen Infoflyer, gestaltete eine einfache Internetseite (www.denktorange.ch) und sprach vor allem ab, was die einzelnen Werke und Verbände für die Umsetzung planen. Ein echter Gewinn für alle Beteiligten! Hinzu kamen noch weitere einzelne Verbände und Organisationen. Die Gemeindeverbände sind bewusst selbst dafür verantwortlich, wann, wie und wie viel von *Denkt Orange* in ihren Reihen umgesetzt wird.

Im Juni 2012 wurde *Orange* schließlich ausführlich in der Verbandsleitung der Chrischona Gemeinden Schweiz besprochen. Den Verantwortungsträgern wurde sehr bald klar, dass dies ein Top-Down-Thema ist. Im Verband – und später auch in den einzelnen Gemeindeleitungen – muss sorgfältig überlegt werden, wie, wann und durch wen *Orange* thematisiert werden sollte. Acht Entscheidungen wurden getroffen:

1. *Denkt Orange* soll in unseren Gemeinden zu einem Schwerpunkt werden. Folgender Leitsatz soll für uns gelten: „Das Licht der Gemeinde und die Liebe der Eltern verbünden sich mit dem gleichen Ziel: Die nächste Generation gemeinsam geistlich zu fördern und zu begleiten!"

2. Diese Denkweise soll bei Chrischona ein Gesicht bekommen: Hans Forrer (Beauftragter für Kinderarbeit) wird mindestens zur Hälfte seiner Arbeitszeit für diesen Bereich angestellt.

3. *Denkt Orange* wird bewusst als eigener Bereich geführt, weil er sich nicht ausschließlich in den Bereich Kinder integrieren lässt.

4. Es soll ein Kommunikationskonzept erstellt werden, wie *Denkt Orange* in unseren Reihen eingeführt wird. Der Startschuss soll nach den Sommerferien 2012 fallen, weil dann auch die beiden Bücher von Gerth Medien erscheinen: „Lebe Orange!" und „Gemeinsam Kinder stark machen".

5. Erst sollen die Pastoren und damit die Gemeindeleitungen informiert werden. Wir heben dort die strategischen fünf Werte von *Orange* hervor. Die Gemeindeglieder, und damit auch die Eltern, sollen im nächsten Schritt in das Denken eingeführt werden. An einem bereits geplanten Schulungstag wird *Denkt Orange* ebenfalls thematisiert: Dort werden die fünf Familienwerte betont und in Gruppen vertieft.

6. Auf unserer verbandseigenen Homepage soll *Denkt Orange* als eigener Bereich erscheinen.

7. Hans Forrer kann von den Gemeinden für eine Einführung oder Beratung angefragt werden.
8. Im internen Publikationsorgan „Chrischona Panorama" wird *Orange* sowohl Ende 2012 als auch Anfang 2013 zum Thema.

Bis heute (Dezember 2012) erfährt die Einführung von *Orange* allgemein breite Zustimmung. Natürlich wird die weitere Umsetzung ganz unterschiedlich aussehen: Die Umstände sind in jeder Familie und in jeder Gemeinde unterschiedlich. Wenn die Grundlage aber die Herzenshaltung und die Denkweise bilden, wird es keine Probleme mit *Orange* in der Schweiz geben! Die Sache entwickelt sich.

Orange leben kann man nur, wenn Gelb *und* Rot sich einbringen. Das Bild mit den Farben ist willkürlich gewählt, hilft aber sehr im Alltag. So kann man sich bei allem und jedem, das man als Gemeinde anbietet, fragen: Ist das, was wir machen, *orange*? Es ist auch nicht möglich, etwas als Gemeinde zu entscheiden und dann den Eltern zu sagen: So machen wir's! Wenn etwas *orange* werden soll, dann müssen Gelb und Rot einen Beitrag leisten können – sonst wird das Ergebnis nicht *orange*! Dabei ist wichtig zu wissen, dass Eltern für diese Sache nur *gewonnen* werden können. Wir können als Gemeinde nicht fordern oder gar befehlen (auch nicht von der Kanzel). Es muss die Erkenntnis wachsen können, dass wir zusammen – Gemeinde und Eltern – mehr für die nächste Generation tun könnten als jeder für sich.

Bei einzelnen Eltern, Mitarbeitern und Leitungen wird irgendwann mal der Gedanke aufkommen: Hätten wir das

nur früher gewusst! All diesen Personen sei der Rat zuge-
rufen, den uns Mark Holmen schon vor Jahren gab: „Tue
Buße, wenn dir Fehler bewusst werden, und überlege dir,
was in deiner Situation ab morgen anders werden könnte!"

Hans Forrer,
Leiter der verbandsübergreifenden Arbeitsgruppe
Denkt Orange *und des Bereiches* Denkt Orange
innerhalb der Chrischona Gemeinden Schweiz

*„Auch der längste Weg
beginnt mit dem ersten Schritt."*

Chinesische Weisheit

Exkurs: Schritte zu einer Gemeinde, die *Orange* lebt*

Es ist eine Sache, von etwas zu träumen, und eine andere, es wirklich zu tun. Bestimmt regen Sie die Konzepte von *Orange* dazu an, Pläne zu schmieden. Doch wie schaffen Sie den Schritt von der Idee zur Umsetzung? Von dem, wo Sie aktuell stehen, hin zu dem, wo Sie gerne wären? Und wenn Sie dann mit der Umsetzung beginnen, wie konsequent werden Sie das Bisherige überdenken?

Nachfolgend finden Sie sieben Schritte, die uns auf unserem Weg geholfen haben:

1. Entdecken

Wahrscheinlich sind Sie gerade an diesem Punkt. Dann gilt es, die Konzepte gründlich zu studieren. Reichen Sie das Buch an möglichst viele andere Menschen weiter und entwickeln Sie erste Ideen. Als Nächstes beziehen Sie Ihr

* Aus: Lebe Orange!, S. 260.

Team ein, um gemeinsam zu beten, zu diskutieren und zu prüfen. Stellen Sie so viele Fragen wie möglich, um eine umfassende Analyse Ihrer aktuellen Situation zu erhalten.

2. Einen Aktionsplan festlegen

Nachdem Sie Ideen entwickelt und Ihre Situation analysiert haben, ist es an der Zeit, einen Plan zu entwickeln: Definieren Sie Ihre Strategie. Stecken Sie sich konkrete Ziele. Wie könnte Ihre Gemeinde nach Umsetzung der *Orange*-Strategie aussehen? Was müssen Sie an Ihren Programmen und Ihrem Leitungsstil ändern, damit der Wandel möglich wird? Erledigen Sie die notwendige Fleißarbeit. Bringen Sie jeden im Team auf denselben Stand.

3. Kommunizieren

Mir gefällt die Vorstellung, dass Kommunikation ein Prozess ist, der sich in konzentrischen Kreisen verbreitet. Diskutieren Sie zunächst alles mit Ihrem Kernteam. Sobald Ihr Plan schriftlich vorliegt, stellen Sie ihn dem erweiterten Leitungskreis vor, um Feedback zu erhalten. Anschließend gehen Sie auf die nächste Ebene und kommunizieren die Ergebnisse im Gottesdienst und in der Gemeinde. Es ist wichtig, diesen Prozess in Gang zu halten: Je mehr Sie kommunizieren, umso größer ist die Wahrscheinlichkeit, dass Sie Ihr Ziel erreichen.

4. Umstrukturieren

Nun ist es an der Zeit, Ihren Plan fertigzustellen. Mitarbeiter, Finanzen und Ressourcen müssen entsprechend der Strategie neu geordnet werden. Die Devise dabei lautet: weniger ist mehr. Mehr *Orange* bedeutet mit Sicherheit, dass Sie bestimmte Dinge beenden müssen, weil sie nicht mehr mit der *Orange*-Strategie vereinbar sind. Feiern Sie vergangene Erfolge mit Ihren Mitarbeitern und wecken Sie freudige Erwartung auf künftige Möglichkeiten. Geben Sie den Menschen neue Aufgaben in der neuen Struktur.

5. Entwickeln

Bilden Sie Ihre haupt- und ehrenamtlichen Mitarbeiter in dem Modell und den dazugehörenden Programmen aus. Dabei geht es nicht nur darum, bestimmte Fähigkeiten zu entwickeln, sondern Menschen zu fördern. Am besten gelingt das, wenn wir als Leiter nicht nur darüber reden, was wir tun oder wie wir etwas tun, sondern auch über das Warum.

6. Werben

Finden Sie neue Wege, um Ihre Ideen auf einer breiteren Ebene zu kommunizieren. Vielleicht planen Sie eine spezielle Predigtreihe. Sie können aber auch Lehrmaterialien für Kleingruppen entwickeln oder von anderer Seite übernehmen. Nutzen Sie das Internet. Vermitteln Sie den Menschen, wie begeistert Sie von dieser Sache sind. Sie werden sehen: Es wirkt ansteckend.

7. Umsetzen

Manche Pastoren begehen den Fehler, zu schnell mit der Umsetzung zu beginnen, und setzen dann nur halb fertige Ideen um. Andere wiederum machen viele Pläne, scheuen sich aber vor der Realisierung. Beides führt zu enttäuschenden Ergebnissen. Ein guter Leiter startet neue Dinge mit Umsicht. Nehmen Sie sich ausreichend Zeit für die Ausarbeitung der ersten sechs Schritte. Dann starten Sie das Projekt mit Freude und Liebe zum Detail. Bleiben Sie unterwegs offen für Feedback und Korrektur. Feiern Sie die Erfolge, denn: Ein Erfolg, der gefeiert wird, wiederholt sich!

„Alle Eltern wünschen sich das Beste
für ihre Kinder. Egal, wo auf der Welt."

Sue Miller

Wer hat's erfunden? Die *Orange*-Entwickler im Interview

Im Gespräch mit Karsten Böhm stehen drei Vordenker und Leiter der *Orange*-Bewegung Rede und Antwort: Reggie Joiner – „Vater" und „Kopf" von *Orange*, Sue Miller – Gründerin von *Promiseland* in Willow Creek, die sich mittlerweile für und bei *Orange* engagiert, sowie Carey Nieuwhof – Pastor aus Kanada, der *Orange* in seiner Gemeinde umgesetzt hat.

Karsten: Erklärt bitte *Orange* in einem Satz!
Reggie: *Orange* ist die Idee, dass Familie und Gemeinde das Beste erreichen, wenn sie zusammenarbeiten. Diese Partnerschaft ermöglicht mehr, als einer alleine erreichen könnte.
Carey: Wenn wir Leiter ermutigen, *orange* zu denken, dann bedeutet das Folgendes: Gelb steht für die Kirche – das Licht Jesu, die Hoffnung in Gottes Wort. Rot, die Farbe der Liebe, steht für die Familie. Wenn man Gelb und Rot mischt, ergib sich etwas Dynamischeres – Orange. Wenn

wir von *Orange* reden, dann bedeutet das, dass wir Familien und Gemeindeleiter ermutigen, bei der geistlichen Erziehung der Kinder zusammenzuarbeiten, weil wir davon überzeugt sind, dass man dadurch mehr erreichen kann.

Sue: *Orange* ist eine Strategie, bei der Gemeindeleiter mit Eltern zusammenarbeiten, um die Kinder gemeinsam zu Nachfolgern Jesu zu machen.

Karsten: Und wie bist du auf *Orange* gekommen, Reggie?

Reggie: Als wir die North Point Community Church gegründet haben, stand fest: Wir müssen etwas Neues und anderes machen, um die Menschen zu erreichen, die noch nie in einer Kirche waren. Wir nahmen uns zwei Dinge vor: Wir wollten einerseits die zeitlosen Werte der Bibel allgemeinverständlich herausarbeiten und andererseits strategisch mit Eltern zusammenarbeiten, um ihre Kinder positiv zu prägen. Dann dachten wir grundlegend über zwei Aspekte nach: die Gemeinde, die wir gelb darstellen, weil sie das Licht der Welt repräsentiert, und die Familie, symbolisiert durch die Farbe Rot, schließlich steht sie für die Liebe und das Herz des Zuhauses. Beide zusammen ergeben Orange.

Karsten: Sue, was hat dich an *Orange* so angesprochen, dass du dafür *Promiseland* verlassen hast?

Sue: Jede Sekunde, die ich *Promiseland* geleitet habe, habe ich geliebt. Aber mir wurde klar, dass die rund 40 Stunden, die wir pro Jahr mit den Kindern in der Gemeinde haben, als Strategie nicht ausreichen. Kindergottesdienste sind immer noch wichtig, aber *Orange* hat mir verdeutlicht, dass Eltern über 3000 Stunden pro Jahr mit ihren Kindern verbringen und sie in dieser Zeit auch geistlich beeinflussen. Ich stellte mir also die Frage: Was könnte passieren, wenn Eltern und Gemeindeleiter zusammenarbeiten, um auf das spirituelle Leben der Kinder Einfluss zu nehmen? Ich dachte darüber nach, wie viel mehr Einfluss man zusammen hätte, und malte mir aus, wie es wäre, wenn das, was wir Sonntag für Sonntag in den Kindergottesdiensten verkünden, in der Woche und im Alltag der Kinder gelebt werden würde. *Orange* bezieht die Eltern mit ein und mir wurde deutlich, dass die Gemeinde sich verantwortlich fühlen muss, Eltern in diesem Prozess zu unterstützen und ihnen zu helfen, wo sie nur kann.

Karsten: Carey, was hat dich dazu gebracht, *Orange* in deiner Gemeinde einzuführen?

Carey: Ich lernte Reggie Joiner vor fünf oder sechs Jahren kennen und war sofort begeistert von seiner Leidenschaft, Gemeindeleiter und Eltern zusammenzubringen. Dies hat mich als Pastor inspiriert, weil ich sah, dass sehr viele Familien und Kinder von einer starken Partnerschaft zwischen Gemeinde und Familie profitieren könnten.

Karsten: Hat es sich gelohnt?

Carey: Absolut. Wenn dir klar ist, dass Eltern den größten Einfluss auf ihre Kinder haben, sie aber nicht der einzige Einfluss sind, den ein Kind braucht, erweitert sich deine Perspektive automatisch. Dann zerbrichst du dir nicht mehr nur über die eine Stunde Kindergottesdienst am Sonntag den Kopf, sondern denkst auch darüber nach, wie du den Eltern helfen kannst, mit ihrem unglaublich großen Einfluss richtig umzugehen. Das verändert, was du am Sonntag machst, aber es beeinflusst vor allem, was die Eltern zu Hause machen. Langfristig verändern sich dadurch viele Verhaltensmuster in den Familien.

Karsten: Reggie, ist *Orange* nicht einfach nur ein weiteres und anderes Konzept, das in Deutschland Familienarbeit heißt?

Reggie: Jede Gemeinde, jedes Elternteil, jeder Leiter hat einen anderen missionarischen Stil, deshalb ist die Frage nicht unbedingt, was *Orange* anders macht. Unabhängig von deiner Einstellung oder von dem, was du vorhast, ist entscheidend, dass du Familien und Gemeinde an einen Tisch bringst, sodass sie ihren Einfluss auf die Kinder und Jugendlichen gemeinsam vergrößern und verbessern können.

Karsten: Habt ihr schon mal erlebt, dass Eltern nicht wollen, dass sich die Gemeinde in die Erziehung ihrer Kinder einmischt?

Carey: Klar, das passiert. Manche Leute verlassen die Gemeinde und denken sich: „Ich will das nicht." Das ist menschlich, finde ich. Man sollte das Gute darin sehen: Immerhin können wir die Kinder etwa vierzig Stunden im Jahr in der Gemeinde positiv beeinflussen – das ist der gelbe Anteil von *Orange*. Immerhin. Es funktioniert natürlich besser, wenn die Familie mit an Bord ist. Aber das macht eben nicht jede mit. Damit müssen wir klarkommen. Ich denke, der größte Fehler, den Gemeindeleiter machen können, ist zu denken, dass sich alle unsere Familien investieren müssen. Das müssen sie nicht. So wie Jesus es gesagt hat: „Die Samen werden auf unterschiedliche Böden fallen." Es besteht eine doppelte Herausforderung: Mit den Familien zu arbeiten, die sich investieren oder engagieren, und die Familien, die sich nur oberflächlich einbringen, trotzdem behutsam zu begleiten.

Karsten: Erreicht man die sogenannten Kirchendistanzierten ebenfalls mit *Orange*?
Carey: Auch, denn nicht jedem ist Gott wichtig, aber jedem ist seine Familie wichtig. Also können wir Brücken bauen, indem wir über Kindererziehung reden und entsprechende Angebote machen. Das kann ein guter Einstieg in eine Beziehung zu Jesus sein.

Karsten: Setzt *Orange* dabei nicht ein intaktes Familienleben voraus?
Reggie: Genau das Gegenteil ist der Fall. *Orange* geht davon aus, dass keine perfekte Familie existiert. Jede Familie befindet sich in einem unterschiedlichen Stadium, jede Familie hat eine einzigartige Persönlichkeit, jede Familie hat Probleme und steht vor großen Herausforderungen. Diese Dynamik gibt es nicht nur in Deutschland, sondern überall in der Welt. In den USA beispielsweise wird nur ein Viertel aller Babys in eine sogenannte traditionelle Familie

geboren, also in eine intakte Ehe. Wir müssen daher überdenken, was wir meinen, wenn wir von Familie sprechen.

Carey: Bei Gott geht es doch genau darum. Nicht um die perfekte Familie, sondern um fehlerhafte Menschen. Diese Menschen brauchen doch in der ersten Reihe einen Platz, wenn es um Gottes Liebe und Gnade geht.

Karsten: Wenn sich Eltern nun auf *Orange* einlassen, was erwartet ihr dann von ihnen?

Carey: Wir glauben, dass das, was zu Hause passiert, wichtiger ist als das, was in der Kirche oder Gemeinde passiert. Diese Vision versuchen wir den Eltern weiterzugeben.

Karsten: Und was erwartet ihr von den Mitarbeitern in der Gemeinde?

Sue: In der Vergangenheit versuchten die Kindergottesdienstmitarbeiter normalerweise, am Sonntag das beste Programm überhaupt anzubieten. Durch *Orange* investieren sie 80 Prozent ihrer Ressourcen in die Kindergottesdienste und unterstützen mit den übrigen 20 Prozent die Eltern, das am Sonntag Gelernte in den Alltag hineinzutragen und anzuwenden. Als Leiter solltest du dich regelmäßig mit den Verantwortlichen für den Kinderbereich, den Jugendbereich sowie die Arbeit mit jungen Erwachsenen treffen. Ihr solltet gemeinsam darüber nachdenken, wie ihr Eltern darin unterstützt, die 20 Jahre mit ihren Kindern sinnvoll zu nutzen.

Karsten: Das klingt nach mehr Arbeit. Wie zeitintensiv ist *Orange* letztlich?

Carey: Du könntest auch fragen, wie zeitintensiv ist die Familie? Jeder, der eine Familie hat, würde antworten: „Sehr zeitintensiv!" Aber es lohnt sich. Und wenn du eine Gesamtstrategie entwickelst, ist *Orange* nicht zeitintensiver als die Arbeit vorher, aber du wirst viel größere Effekte erzielen.

Reggie: Richtig, denn der *Orange*-Prozess ist so konzipiert, dass er die Art und Weise, wie Gemeinden und Familie normalerweise ohnehin funktionieren und interagieren, ganz einfach ausweitet. Deshalb entsteht kein großer zusätzlicher Zeitaufwand. Stattdessen wird die Zeit strategischer genutzt. Unser Online-Curriculum ist ebenfalls so konzipiert, dass jede Gemeinde das übernehmen kann, was ihr Zeitbudget und ihre Kreativität zulässt.

Karsten: Gibt es einen Unterschied zwischen Megagemeinden und kleinen Gemeinden in Bezug auf *Orange*? Carey, du bist Kanadier. Unterscheidet sich das US-amerikanische *Orange*-Modell vom kanadischen?

Carey: Es gibt keinen wirklichen Unterschied zwischen dem US-amerikanischen und dem kanadischen Modell von *Orange*. Ich weiß nicht, wie es in Deutschland aussieht, glaube aber auch, dass hier kein wesentlicher Unterschied bestehen dürfte. Eltern wollen weltweit, dass ihre Familien funktionieren und sich die Kinder gut entwickeln. Es gibt auch keinen Unterschied in der Philosophie zwischen sogenannten Megagemeinden und kleineren Gemeinden, aber einen Unterschied in der Ausführung. Megagemeinden haben oftmals mehr Möglichkeiten. So können sich Eltern und Kinder dort etwa in einem großen Raum treffen, was kleinere Gemeinden oft nicht leisten können. Manchmal haben kleinere Gemeinden auch mehr Schwierigkeiten, Ehrenamtliche zu finden, die sich engagieren und eine Kleingruppe für Kinder oder Jugendliche leiten. Dennoch – egal, ob Mega- oder Minigemeinde – können beide auf ihre Art und Weise Familien und Kinder erreichen.

Karsten: *Orange* sollte also auch in Deutschland umgesetzt werden?

Sue: Natürlich! Schließlich wollen alle Eltern, dass ihre Kinder einen tollen Charakter entwickeln. Alle Eltern wollen einen guten Draht zu ihren Kindern haben – auch dann noch, wenn diese längst aus dem Haus sind. Das gilt auch für Deutschland, oder? Und wir als Gemeinden haben die Chance, Eltern dabei zu unterstützen, dass sie lernen, wie man seine Kinder so bedingungslos liebt, wie Gott es tut. Außerdem können wir Eltern helfen, dass sie ihre Kinder so prägen, dass sie von Anfang an Jesus ähnlich werden. Als Gemeindeleiter können wir Eltern das Gefühl geben, dass sie dabei nicht alleine sind, indem wir ihnen helfen, ihre Kinder in jeder Entwicklungsphase richtig zu begleiten. Warum sollten wir nicht wollen, dass jeder Elternteil, ganz gleich, ob alleinerziehend, geschieden, verwitwet oder verheiratet, diese Unterstützung erhält? Alle Eltern wünschen sich das Beste für ihre Kinder. Egal, wo auf der Welt.

Carey: Ich glaube, *Orange* ist in Deutschland umsetzbar, denn auch Deutschland wird von Familien bewohnt. Familie und Familienwerte sind allgemeingültig und somit sollte *Orange* auch Deutschland zugänglich gemacht werden. Sicherlich bezweifelt manch einer, ob ein amerikanisches Modell über die amerikanischen Grenzen hinaus umsetzbar ist. Dann sollte man bedenken, dass *Orange* kein amerikanisches Modell ist, sondern ein biblisches. Es leitet sich aus der Kombination von Gemeinde und Familie in Deuteronomium 6 ab und zieht sich durch die ganze Bibel. Deshalb ist *Orange* in jeder Kultur und jedem Land umsetzbar. *Orange* ist ein einfaches, aktuelles und zeitloses Modell.

Karsten: Welche ersten Schritte zur Umsetzung von *Orange* empfiehlst du uns, Reggie?

Reggie: Der erste Schritt wäre zu erkennen, dass Gemeinde und Familie nicht auf gegenüberliegenden Seiten stehen, von denen die eine stärker oder einflussreicher als die andere wäre. Im nächsten Schritt gilt es zu erkennen, dass der Einfluss der Gemeinde umso größer wird, umso besser man mit Eltern kooperiert. So wie wir immer betonen, dass das, was zu Hause passiert, letztlich wichtiger ist als das, was in der Gemeinde passiert.

Karsten: Worin besteht die größte Hürde, wenn man Leiter und Pastoren für *Orange* gewinnen will?

Reggie: Eines der größten Hindernisse ist, dass Menschen denken, *Orange* sei ein bestimmtes Modell. In Wahrheit ist es aber ein Set von neuen Prinzipien und Werten, das zu jeder Strategie von Familienarbeit passt. Unser Team arbeitet daran, dass diese Prinzipien klar und in unterschiedlichen Zusammenhängen einsetzbar sind.

Karsten: Was verändert sich bei einem Pastor, wenn er *orange* denkt?

Reggie: Ein Pastor, der sich mit *Orange* auseinandersetzt, wird merken, dass die Familien in der Gemeinde bereits einen Lebensrhythmus haben, und er wird herausfinden müssen, wie er mit diesem Rhythmus arbeiten kann und nicht gegen ihn. Das wird die ganze Arbeit leichter machen, solange sich das zuständige Team gemeinsam über die wichtigen Fragen austauscht und mit einer Strategie agiert, die die *Orange*-Prinzipien hochhält.

Karsten: Danke, dass ihr euch die Zeit für dieses Gespräch genommen habt.

Schlusswort

Dieses Buch ist als Beginn eines Dialoges gedacht. Es liefert erste Eindrücke und einen knappen Überblick über die *Orange*-Strategie. Wir hoffen, dass Sie durch dieses kleine Büchlein und die hier vorgestellten Prinzipien miteinander ins Gespräch kommen und neu darüber nachdenken, wie Gemeinde und Familie aussehen können.

Wenn Sie mehr wissen wollen, dann finden Sie detailliertere Informationen in folgenden Büchern:

Mehr zu *Orange* finden Sie auf den folgenden Internetseiten:

www.whatisorange.org
www.northpoint.org
www.denktorange.ch
www.wasistorange.org

Oder besuchen Sie eine *Orange*-Konferenz in Atlanta. Studienreisen dorthin bietet Willow Creek Deutschland an.
www.willowcreek.de